阿城文集　之三

威尼斯日记

江苏凤凰文艺出版社
JIANGSU PHOENIX LITERATURE AND ART PUBLISHING, LTD

第62届威尼斯国际电影节颁奖后台，2005年

参加这次电影节评选活动的最大收获之一是，与我最尊敬的法国女演员 Isabelle Huppert 面对面。我认为她是悲剧性的人物，因为还没有哪位男演员可以与她对戏。她太强了。颁奖之前，我们特别邀她到后台来，她进来的时候，大家都有点疯狂。我旁边的另一位是金狮奖评委会主席 Dante Ferretti，好人，大好人，非常好的人。提醒一下，这届的金狮奖给了李安的《断背山》。

2008 年在威尼斯建筑双年展与策展人龚彦、张永和及参展者王迪等

目录

五月

第五月第二日

写好日期后，分别添了“第”字，缘因我从未写过日记。这次呢，是要去威尼斯写上两个月。

洛杉矶连日暴乱。浓烟自西边掩来，日光黯淡，站在院子里，呛得有些咳嗽。寄居之处离暴乱地区不远，却隔着一座小山，山顶有洛杉矶道奇棒球场，上去西望，广阔的黑烟静静向高空翻动。

到今天为止，据报道四十五人死亡，伤一千九百人，七千四百五十九人被捕，起火三千七百处。维持治安的有五千七百多名警察、民兵和联邦执法人员，再加上一千两百名海军陆战队士兵。

据报道，有八百五十家韩裔人的商店遭焚毁。电视画面里，韩裔人持枪上房压顶，保护自己的商店。时光倒流两百年，好像又在开发西部。

美国的主要电视频道都在播放街上抢东西的现场情景，二十四个小时不间断。

已经是战争了。

洛杉矶宵禁，每天清晨解除。

去海边的洛杉矶国际机场时，十线对开的十号高速公路上车迹稀疏，路两旁烟尘弥漫，好像在拍战争片，而且是好莱坞的大制作。

大乱里总是有小静。“文化大革命”时去东北长春，武斗的枪炮声中却听得见附近一扇窗被风吹得一开一合，自得其乐。几个人躲在二楼互相聊初恋，叮的一声，流弹打在窗子的铁杆上，折下来钻进朋友的脑袋里。因为太突然，脑含着子弹的朋友又说了一两句话才死掉。

那时我们的胡子还没有长硬。

三日

还是不加“第”吧。人世间的无聊，常常只因为煞有介事。庄周昨天若笑了的话，今天倒可以给他老人家来个措手不及。

庄子讲“无为”，讲得精彩，却做了有为的事，写了《庄子》。庄子讲相对也讲得精彩，于是放心讲无为，天底下第一等聪明汉。

讲哲学，庄子用散文，老子用韵文，孔子是对话体，两千年来，汉语里再也没有类似他们那样既讲形而上也讲形而下的好文章了。现在是不管有道理没道理，都叙述得令人昏昏欲睡。间或有三两篇好的，就一读再读，好像多读就会多出几篇来。

挤在机舱里，到处是猜测别人的眼色，我的亦是其中之一，于是将无聊变有趣。

威尼斯机场海关能闻到海的味道。S小姐和Luigi来了，年初在乌地涅（Udine）见过Luigi，这次却发现他原来长得很高。

乘小船进入威尼斯，海面上露出许多粗木桩。薄云天，一切都是明亮的灰色。

现在的人好说世界真小，我看世界真大，才十几个小时，已是如此平静，更何况附近的南斯拉夫真在打仗。

住Fenice旅馆，顶楼，望出去，满目皆红瓦。红瓦之上，露出一远一近一东一西的两个钟楼。东边远的那个年初见过，是圣马可广场上的钟楼。西边近的一个，倾斜着。

Fenice是埃及神话中的火鸟，五百年浴火重生，与中国传说中的凤凰很近似，所以凤凰被译成Phoenix，但中国的凤凰有性别，雄为凤，雌为凰。

Fenice不知是否也分雌雄，否则五百年真是寂寞，重生一次，仍是寂寞。

四日

火鸟旅馆在火鸟歌剧院的后面，可以听到人在练声和器乐的练习声。威尔第的《弄臣》一百四十一年前就是在这家歌剧院首演的，当时住在这座小楼这间屋子里的人是不是也能听到人在练习，例如第三幕中那段四重唱《爱之骄子》？据说那段著名的《女人善变》是秘密准备的，临场演唱，极为轰动。演出结束后，威尼斯人举着火把，高唱《女人善变》，穿过小巷，从一个方场游行到另一个方场。威尼斯的女人们听到这样的歌声，怎么想呢？也许女人们也在游行的行列里高唱女人爱变心。

旋律是感受的，不是思考的。犹太人说，人类一思考，上帝就笑了。其实上帝一思考，人类也会笑，于是老子说“天地不仁”，“不仁”就是不思考。

帕瓦罗蒂在回忆录里说他七岁时在公寓里高唱《女人善变》，女人们都很惊讶并且气愤。威尔第的《茶花女》也是在火鸟歌剧院首演的，结果失败。第二年又在这里演，却非常成功。

观众善变。

多尼采蒂在威尼斯当过兵。写成他的第一部歌剧《波格尼亚的亨利》，一八一八年在威尼斯上演，但不知道是不是在火鸟歌剧院？

瓦格纳一八八三年逝世于威尼斯大运河边的温德拉敏宫。买了地图，一下就查到了。

意大利歌剧中我还喜欢罗西尼的，他的东西像小孩子的生命，奢侈而明亮。又有世俗的吵闹快乐，好像过节，华丽，其实朴素饱满。

罗西尼还是意大利歌剧宣叙调的创造者，是他用器乐伴奏改变了莫扎特歌剧中的“朗诵”。有意思的是，罗西尼对歌剧中的器乐的重视，却使他的《塞米拉米德》在威尼斯的上演不被接受。

住在这样有名的歌剧院后面，令我很兴奋，好像真的与歌剧有什么特殊关系。其实没有。

S小姐说可以帮我买票，我却喜欢看到有好节目，于是去排队，买到票，等候进场，进去了，找到座位，坐下，看看来往的各种人。乐队在调音，灯光暗下来，开始了，于是快乐得不知道说什么才好。

剧场艺术活动的快乐，包括排队买票。帕瓦罗蒂一九八六年到北京演出，我和朋友在剧场外转来转去，终于买到八十元一张的黑市票，飞奔进去。八十块钱，三个多月的工资，工资月月发，活生生的帕瓦罗蒂却不是月月可以听到的。

五日

威尼斯像舞台布景，游客是临时演员，我也来充两个月的角色。

乘1号船沿大运河走了两次，两岸华丽的楼房像表情过多的女人。

好文章不必好句子连着好句子一路下去，要有傻句子笨句子似乎不通的句子，之后而来的好句子才似乎不费力气就好得不得了。人世亦如此，无时无刻不聪明会叫人厌烦。

年初的时候来过威尼斯一天，无处不“惊艳”。回忆会“净化”，心中已经安静下来。再来，住下，无穷无尽的细节又无时无刻不在眼中，仍然是“惊艳”，而且是“轰炸”，就像前年伊拉克人遭遇到的。

整个意大利就是一种遗产轰炸，每天躺下去，脑袋里轰轰的，好像睡在米兰火车站。

这次到威尼斯来，随手抓了本唐人崔令钦的《教坊记》，闲时解闷。这书开首即写得好，述了长安、洛阳的教坊位置后，笔下一转，却说：

坊南西门外，即苑之东也，其间有顷馀水泊，俗谓之月陂，形似偃月，故以名之。

古人最是这闲笔好，令文章一下荡开。

威尼斯像“赋”，铺陈雕琢，满满荡荡的一篇文章。华丽亦可以是一种压迫。

走去看温德拉敏宫，天，瓦格纳用了多少钱买下如此豪华的宫殿！看了一眼说明，原来瓦格纳只住在mezzanino，什么意思？一楼半？建筑术语mezzanino是指底楼与二楼之间的那一层，对于我这个四十年来只住平房的人来说，难以展开想象，于是想象力向另外的地方滑去。

mezzo-relievo在建筑上指中浮雕，既不是平面，也不是立体，是它们的中间状态。

音乐术语：mezzo forte，不很响，既不是很响，也不是不响；mezzo piano，不很轻，既不是很轻，也不是不轻；mezzo-soprano，女中音，既不是……也不是……

瓦格纳在这里逝世于一八八三年二月十三日，既不是三十天的月份，也不是三十一天的月份。

他住在“中庸”哪一层？

六日

那个倾斜的钟楼，钟敲得很猖狂，音质特别，是预感到自己要倒了吗？我特地穿过小巷寻到它脚下，仰望许久。它就在那里斜着，坚持不说话，只敲钟。

它大概是威尼斯最有性格的钟楼。

火鸟歌剧院正在纪念建立二百周年（一七九二年至一九九二），演出普契尼的《荼兰多特》（*Turandot*，通译为图兰朵）。

这是一个讲蒙古公主与中亚王子的故事。元朝将其治下之人分为四等，第一等当然是蒙古人；第二等色目人，也就是中亚与中亚以西的人；第三等的是汉人，包括着契丹人、女真人和高丽人；第四等的，当然是最低等的人，是被蒙古人打败的南宋人的后代，也就是现在说的南方人。

普契尼在歌剧中用了中国江南的民歌《好一朵茉莉花》做荼兰多特公主的音乐主题，大概他不知道这是元朝第四等人的歌。这歌如今中国还在流行，是赞美女人的柔顺美丽。荼兰多特公主却好像蒙古草原上的罂粟花，艳丽而有一些毒。

其实听歌剧时完全没有想到这些，而是心甘情愿被音乐与戏剧控制，像个傻瓜，一个快活的傻瓜。我是歌剧迷，一听歌剧，就丧失理智。

七日

大运河将威尼斯岛弯曲地划开，因此地图上的威尼斯像一个骨关节。威尼斯是少有的没有汽车的城市，因此除了坐船，必须使用所有的行走关节。

地图上的威尼斯又像女高音歌唱时在腹前交合的手，但威尼斯河道里只有男人唱歌。

圣马可广场上有大博物馆Museo Civico Correr，上二楼，一进门，即看到墙上供着一顶帽子，像极了帝王图里唐太宗头上的那顶。问了，原来是古时威尼斯市长的官帽。

往里走，诸般兵器，又像极了《水浒》、《三国演义》小说里的雕版插图，尤其是关云长的青龙偃月刀、吕布的方天画戟、李逵的板斧、张翼德的丈八蛇矛。鞭、锏、锤、爪，一应俱全，一时以为进了京戏班子的后台。问了，原来是昔日威尼斯市长出巡时的仪仗。

又有其他诸般兵器，两刃剑、三刃剑、四刃剑、波斯式弯刀、长火药枪、短火药枪，俱极精美。有一支短铳，配以擦枪管的探条等等附件，都被盛在一个精美的匣子里，杀人的家伙竟收拾得像女人的首饰。

窗外广场上的圣马可大教堂亦像个首饰盒子，大门的半圆顶上有贴金镶嵌，其中一幅里的人，像极了中国元朝的官员，其实是神父。教堂里面的天顶亦是贴金镶嵌，真个是金碧辉煌，气宇宏大。

中国古代寓言“买椟还珠”，嘲笑不识珠宝的人，说有个人非常欣赏盛珍珠的盒子，交钱之后不要珍珠，只把盒子拿走了。

其实还珠的人是个至情至性的鉴赏家。

八日

《教坊记》里有一则说：

> 苏五奴妻张四娘，善歌舞，亦姿色，能弄《踏谣娘》。有邀迓者，五奴辄随之前。人欲得其速醉，多劝酒。五奴曰："但多与我钱，虽吃䭔子亦醉，不烦酒也。"今呼鬻妻者为"五奴"，自苏始。

一千年前的人，现在读来好像今天的邻居。或者说，在钱与性上，我们比古人，没有什么变化。这一则没有写到张四娘的态度，猜测下来，她也是个明白人，夫妻二人不耐烦"仙人跳"，五奴直口要钱在先，事成，四娘得金在后。

后人，宋、元、明、清，都有学者斥《教坊记》鄙俗，意识上有如明清的官方禁《金瓶梅》、《红楼梦》。这也是直到今天《教坊记》只被引用其中的音乐舞蹈的资料的原因吧？

崔令钦在这一则里明确地记载了俗语"五奴"的来

源，珍贵。

另一则说：

> 魏二容色粗美，歌舞甚拙。尝与同类宴集，起舞，杨家生者，笑视之。须臾，歌次，架上鹦鹉初移足右转，俄复左转。家生顾曰："左转也。"意指鹦鹉，实无他也。魏以为斥己，辍歌，极骂，罢乐。人呼失律为"左转"。

直到现在，我们还称一个人唱不准音为"左嗓子"。魏二也是，为什么要在"教坊"这些专业人士前头卖弄呢？又疑神疑鬼，心狭而气急，不欢而散。家生既先"笑视之"，已经存了嘲弄之心，"左转也"就难脱影射嫌疑。

九日

傍晚，在圣马可广场边的弗洛利安咖啡店外独自闲坐，看游客买了苞谷粒喂成千上万只鸽子。一个小孩放几粒苞谷在头顶上，他的父亲拿着照相机在远处瞄准着，等鸽子飞来孩子的头上吃苞谷时，好按下快门。鸽子很久不来，小孩子于是像钓鱼一样等着，不同的是，微笑地等着。

据说弗洛利安咖啡店是欧洲饮咖啡史上的第一家咖啡店，又据说意大利的咖啡由巴西运来。我忽然想起瓦格纳是在威尼斯完成《崔斯坦与伊索尔德》的第二幕。当时的巴西皇帝请瓦格纳为巴西首都里约热内卢的意大利歌剧班写个歌剧，《崔斯坦与伊索尔德》与咖啡贸易有关系吗？

一六二七年，威尼斯建成欧洲的第一个歌剧院。这一年明朝的熹宗皇帝驾崩，思宗，也就是明朝最后一个皇帝即位，此时距中国歌剧——元杂剧的黄金时期已去四百年，明杂剧的杰作《牡丹亭》也已轰动了三十年。

中国的戏棚里可以喝茶，中国人喝茶是坐着的，所以楼上楼下的人都有座。同时期的欧洲剧院最底层的人是站着看戏的。中国戏曲的开场锣鼓与意大利歌剧的序曲的早期作用相同，就是镇压观众的嘈杂声浪，提醒戏开始了，因为那时中国欧洲都一样，剧院里可以卖吃食、招呼朋友和打架。

前些年伦敦发掘十九世纪的蔷薇剧场遗址，发现里面堆满了果壳。莎士比亚的哈姆雷特大概是在果壳的破裂声中说出“生存还是灭亡”（to be or not to be）这个名句的吧？

我一直认为莎士比亚的戏是世俗剧，上好的世俗剧。

五月初的威尼斯夜晚有一些寒意，尤其是日落后，海上的湿气侵漫到圣马可广场上的时候。

十日

下午S小姐来，同来的还有Marco Ceresa先生。我年初在波隆那城见过Marco先生，他用意大利文翻译了唐朝陆羽的《茶经》，九〇年在米兰出版。他去过中国大陆、台湾、日本不少年，是个茶通，有个中文名字叫马克。年初在波隆那，马克表演过中国式的饮茶程序。

现代中国人的饮茶是明、清以来的方法，我们很难想象再古的人煮茶时要放姜、葱这些辛辣的东西，那简直就是现在的汤。也许我们现在做汤也可以放一些茶来试试。

我在云南的时候，每到山上野茶树发新叶，就斩一截青竹，寻到嫩芽，采进竹筒里捣一捣，满了拿下山来。等里面干了，劈开竹筒，就会得到一长节，姑以名之“茶棍”。茶棍去了野茶的火气，沏出来，水色通透嫩黄，用嘴唇啜一啜，鲜苦翻甜，岂止醒脑，简直醒身，很多问题都可以想通。

意大利人酷爱咖啡，最普遍的一种称Espresso，用专用的小金属壶煎，得一小盅，加奶和糖，随各人习惯。我试过，不加奶和糖，为的是得其本味，饮后生津但不解渴，通夜不眠，体内生邪火，跃跃欲试，尿赤黄且有沫，大概伤到肾了。也许是没有饮惯的缘故。

年初在罗马城一个小吧，朋友去柜上买咖啡，我在店里觅得两个座位。正庆幸间，朋友过来说你要坐着喝吗？错愕然后得知站与坐是两样价钱。

饮茶，用电脑语言说，内定值（default）是坐着的。

十一日

Raffaella Gallio来，她在上海音乐学院学过古琴，有个中国名字叫“小兰”。年初我和米塔去意大利北部山区时到她家，在厅里歇息，忽然远远看到灶边墙上挂着一幅墨色立轴，笔法好熟悉，近前一看，果然是黄慎的，画的是一个捧花老人。

黄慎（1687–177？)是“扬州八怪”之一，早年从上官周学工笔，后来变画法为粗笔，善画人物。这一幅画的老人是卷发虬髯，面容有点像笑着的达·芬奇，举着一篮花。画的右上角有“嘉庆御览之宝”椭圆章，印歪了。皇帝在皇家收藏的画上印收藏章，以清高宗（俗称乾隆皇帝）最为讨厌，看过就盖，好像政府单位的收发员。

我曾奇怪为什么将清高宗叫成乾隆皇帝，清代以前没有用年号称皇帝的，例如不会称唐玄宗为天宝皇帝，注意了之后，发现清代十个皇帝每朝只用一个年号，所以用年号称清代皇帝，亦是民间的一种方便。

黄慎写字好勾连，喜怪笔，字是有名的难认。这幅画上他题了一首诗，首句“学道不成鬓已华”，接下去的两个字即不能辨识，好在他的同乡雷鋐将其诗集辑为《蛟湖诗草》，其中也许收录了这首题画诗。

画的落款是他的字“瘿瓢”和名章“黄慎”。

画上既有皇家收藏印，也许是末代皇帝溥仪从宫里传出来的。溥仪在他的自传里讲他经常用赏赐的名义，让亲族将宫里的文物带出去。手下的太监也常常偷盗，以至于为了掩盖结果，竟烧掉了储藏文物的一间房子。溥仪一九二五年离开紫禁城的时候，带了大批的文物，很多都散落民间了。

我于是问小兰如何有这样一幅画。小兰说在中国时见到喜欢就买了，很便宜，问这是谁画的？我如此这般说了一下，告诉小兰最好不要挂在灶边，这画该是进博物馆的。小兰亦不以为意。

小兰来，我记得黄瘿瓢的那张画，于是问她收好没有，小兰笑说挂到楼上去了。我这次再到意大利来，带了转录的上海姚门父子弹的古琴曲给小兰。

小兰上大学时在威尼斯，于是带我到巷里串，俨然地主。随她走，到了一处，小兰忽然说，当年上学时几个同学租了附近一个老太太的老房子，凡有男生来，老太太就大声说话，很厉害，养的一只狗，又常常来小兰她们房间里撒尿。

我说倒可以找找看这位老太太还在不在。于是就找，找来找去总是寻错。小兰算了一下，在威尼斯上学已是十年前的事了。

终于找到了，小兰指着隔了一幢楼高处的一个圆窗。我望着圆窗，想那老太太居高必看得见海，怎么还脾气大呢?

沿威尼斯岛北面的海边走，小兰指着海上的木桩说它们是可以拔起来的，木桩本是平日标示水上航道的，古时候敌人打来时，威尼斯人就拔掉木桩，没有了木桩，敌人的船就会陷进水中浅处。

古代的威尼斯并非只有富足与豪华。

小兰在Rialto桥附近看到一家小书店，进去买书，于是与老板Sergio Volpe先生相识。临走时，Sergio先生说过几天送我一本书，那本书现在不在店里。

这个店很小，楼梯上都摆的是书。有一个老人在角落里看书，游客们轰轰烈烈地从店前走过。

十二日

G先生、N先生、马克和我四个人晚餐。菜中有一道扇贝，非常鲜美，壳亦好看。希腊神话的维纳斯生自壳中，真是合情理。年初我在佛罗伦斯的乌菲兹博物馆看波提切利的《维纳斯之诞生》，近看用笔很简，但实在是饱满。整个博物馆里的东西都是饱满，有元气，正所谓的酒神精神。美术学院里米开朗基罗的《大卫》石像，真是饱满，他所有的作品都饱满，连受苦受罪都是饱满的形体在那里受苦受罪。

文艺复兴，复兴的是饱满的人文精神，论到造型，古埃及、古希腊、古罗马都早将原理确立了。

G先生问到中国传统。我的意见是，就像说到中国禅，与印度的佛教已无甚关系。而“禅”又只是一个话头，说说的，哪里就是色相?

G先生说还要看在美国圣地亚哥举行的美国与意大利帆船比赛的电视转播实况，于是大家散去。

路边小店的灯将窄巷照得有些恍惚，来往的人遇到了，侧身而过。

《教坊记》有一则说到：

> 《圣寿乐》舞，衣襟皆各绣一大窠，皆随其衣本色。制纯缦衫，下才及带，若短汗衫者以笼之，所以藏绣窠也。舞人初出，乐次，皆是缦衣舞。至第二叠，相聚场中，即于众中、从领上抽去笼衫，各内怀中。观者忽见众女咸文绣炳焕，莫不惊异！

这是一千年前为皇帝祝寿的舞蹈，《旧唐书》的《音乐志》里说："若圣寿，则回身换衣，作字如画"，所以看来还会变出字来，当时有诗人记录过例如"太平万岁"。

《教坊记》的珍贵还在于崔令钦不但记载"其然"，还记载"所以然"。这种舞蹈现在仍有，例如运动会开幕闭幕时的团体操，观众席上变化的标语。现在的观众看了，也还是"莫不惊异"。

九月在西班牙的巴塞罗那的奥林匹克运动会上，我们肯定还会看到这种古老的把戏。

（此文有删节）

十三日

下午路过威尼斯音乐学院，听到有人在练声，另一个窗户传出铜管的声音，于是进去张望。里面的院落天井极豪华，大约是旧时贵族的府邸。想起北京的中央音乐学院，亦是在一个王府里。

从音乐学院出来，过学院桥，桥头便是威尼斯美术学院，索性也进去看一看。不料刚在门庭小院举头，即被门房指手划脚喝了出来。

我想我在威尼斯充的角色，在别人看来是个日本角色。去店里买地图，老板用日本话问我要哪一种，我虽然中国话说得最好，想通了，操英吉利语说，我是中国人呀。

老板一拍额头，叹道，我的妈（mama mia），我好不容易才学了几句日本话。我说没关系，哪国人都会付你“里拉”的。

十四日

马克送我一本他翻译的《茶经》，里面收集有精致的插图。马克做的注释占了书的三分之一。为引用藏在日本的中国典籍，马克特地去过日本。

马克亦认识小兰，说他参加了小兰在威尼斯大学的毕业考试，那天小兰弹中国古琴的时候，所在的大房子的窗忽然都自动打开了，真是奇怪。

如果从物理方面讨论这个奇迹，是不是很无趣?

我问马克，在威尼斯读东西时常常看到“北方蛮族”，这“北方蛮族”到底是什么人呢?

马克说，就是我呀。

马克的头发是浅栗色，属金发一类，眼睛蓝灰色。一般意大利的女人认为金发是美，金发应该是当年“北方蛮族”的头发。历史的归历史，现实的归现实。

以我有限的直观来看，地中海沿岸的种族的混合，包括东方的阿拉伯人、南方的北非人、北方的“蛮族”。这种混合的结果，就是意大利的男女非常好看，腿修长有力，脖子精致，额头饱满，腰部微妙，像脸一样的有表情。天生的卷发和暗色皮肤的人非常多，肥胖臃肿的人在人口比例上很少。我曾问过一个人为什么意大利的胖子少，回答是：“胖子都被我们赶到美国去了。”

不少中国画家因为画《大卫》石膏像，错把大卫当欧洲美男子，其实大卫是实实在在的阿拉伯美男，他是以色列王，鼻梁坚挺，嘴唇有变化，卷发。北方欧洲人是直发，斯堪地纳维亚人为典型。当地中海东南方的文明灿烂时，“北方蛮族”赶时髦，将头发烫卷为美，我们现在还可以从英国法官头上的假卷发体会到当年的趋时遗绪。古希腊得非洲人种与文明的传布，于是古希腊的俊男美女雕像，无一不是卷发，给中国画家们的学生时代添了不少麻烦。

现代中国人的爱烫卷发，应该是近代对西方世俗审美的隔代趋时，因为《水浒》里的赤发鬼刘唐还是古典丑男，现在则是男女刘唐满街走，意气风发。

意大利人的血源混杂使他们的嘴唇有造型。欧洲北方人的嘴，像用刀在鼻子下面横砍的一条缝。我的经验里，亚洲人的嘴有形状，这一点在佛像上得到典型的表现。

当一个意大利人看着你的时候，虽然没有说话，但嘴的造型已经在表达意义了。意大利人的手势太强烈，因此掩盖了嘴的妙处。

因为头骨的造型，意大利人的脸到老的时候，越来越清楚有力，中国人的脸越老越模糊，模糊得好的，会转成一种气氛。

在意大利的车站等车，你如果有兴趣观察意大利人是危险的，结果是车开了你都不知道。

现在的中国人在讲到中国人的时候，常常会误以为占人口多数的汉人是一个血源单纯的族裔，文化亦是传统单纯的文化。这种误会我想是由于汉字的保持不变，而汉族其实是杂种，只是近代以来杂交被人为阻断了。

公元前一千多年前，周人自西而来，这个“西”是多远的西呢？由文字史看来，从那时起，被规定为亚洲的被称为中国的这块土地上，文化一直是混杂的，也因此而有生气。最明显的文化混杂时期是公元三世纪到十世纪，手上的这本《教坊记》，记载的仅是其中短短四十年。

《出内》一则说：

> 范汉女大娘子，亦是竿木家，开元二十一年出内。有姿媚，而微愠羝。

“愠羝”就是“胡臭”，古代时指从西域来的人身上的味道，我怀疑即是“胡人”的语源。“胡臭”后来叫“狐臭”，而“羝”是公羊，不是狐狸，“愠羝”是羊羶气。“竿木家”就是爬竿溜索的能手，唐朝有不少诗人用诗描写当时的场面，威尼斯亦有不少表现中东一带来的“竿木家”的风俗油画。《教坊记》里提到教坊里的人“儿郎既娉一女，其香火兄弟多相爱，云学突厥法”。《北史》说“突厥法”是“父、兄、伯、叔死，子、弟及侄等妻其后母、世叔母、嫂”，《隋书》说“突厥法”是“父、兄死，子、弟妻其群母及嫂”。

《眼破》一则说：

> 有颜大娘，亦善歌舞。眼重，脸深，有异于众。能料理之，遂若横波，虽家人不觉也。尝因儿死，哀哭，拭泪，其婢见面，惊曰：“娘子眼破也！”

“眼重”就是睫毛厚，现在西北的人说姑娘好看，是“毛毛眼”。“脸深”，就是颧骨不突出，亚洲蒙古人种、马来人种的颧骨是突出的。由面孔的样子可以看出颜大娘是从中东或中亚以西的地区来的。“横波”，说的是蒙古人种的细长眼形，颜大娘将自己的颜面化妆成汉人的样子。现在美国人希望自己能像亚洲人那样体毛少，所以时兴刮和拔体毛，有点像这位颜大娘。

《压婿》一则说，翻筋斗的裴承恩的妹子叫大娘，歌唱得好，哥哥将她嫁给爬竿的竺侯的，大娘却与常在皇上身边的伶人赵解愁私通。

竺侯的病了，大娘与赵解愁打算用药毒死他。同班子里的王辅国、郑衔山与赵解愁是哥们儿，又和姓侯的是老乡，于是悄悄告诉也是同班子的薛忠、王琰：说给侯大哥，晚上要是有人送粥给他，千万别喝。

晚上果然有人送粥，姓侯的就没喝。

深夜，大娘带引赵解愁来杀自己的男人，郑衔山主动要求背土袋子。灭了屋里的灯，很黑，郑衔山把土袋子放在姓侯的身上，但不压住姓侯的嘴和鼻子，其他人都没有发觉。

天亮了，姓侯的没死，当然就是官司，皇上下令范安及追查这件事，结果是赵解愁一伙人每人挨了一百下。

姓侯的没死是因为土袋子没有压嘴和鼻子的缘故，又有一种说法是因为土袋子裂开了。后来班子里的女人们互相开玩笑说：姐们儿（原文是“女伴”）！以后要是缝压你男人的土袋子，仔细缝结实了，可别让它开了绽。

裴承恩的姓，是当时西域疏勒国的姓，所以裴大娘不是汉人，应该是西亚的姑娘。说她歌唱得好，西亚一带的女声多沉韧，即现在所说的磁性的声音，或说声音性感。她哥哥的名字叫承恩，大概这个承恩承的不是一般的恩。不过皇上没想到杀人者都是自己身边的伶人、宠幸者，不杀了，打一百下吧。

唐朝的李氏皇族，也不是汉人，而是西亚的血缘，毛发是卷曲的，所谓“虬髯”。由西亚人做统治者，风气当然是爱好歌舞，性格开放。《教坊记》记的是公元八世纪唐玄宗时的事，也就是中国人常常称道的“开元”、“天宝”遗事。这个玄宗皇帝李隆基，让中国狂欢了四十多年。

玄宗宠爱的大诗人李白，亦出生在西亚的碎叶，即现在的原属于苏联的吉尔吉斯共和国的托克玛克。他的诗颇多酒神精神，我常觉得他的有些诗是弹“东不拉”伴奏的，相比之下，杜甫的诗明显是汉风。李贺的诗亦是要以“胡风”揣度，其意象的奇诡才更迷人。

当时势力最大的军事将领安禄山，是突厥人与波斯人混血，史思明则完全是波斯人。安禄山自己会说多种胡语，镇守的河北，多为东突厥人。当时有人自不说汉语的河北回长安，预言安禄山必反。

我有不少江苏的朋友长连鬓胡子，蒙古人种是山羊胡子。作家叶兆言、苏童都是胡貌江苏人，剃掉头发，活脱标致罗汉。自古南方多胡商，福建泉州人就多阿拉伯人裔传。最古的中原人，大概是现在的苗人，所谓炎帝子孙。中华民族人种文化历史，就是“客”来“客”去的“客家”史，靠“书同文”贯串下来。

“五胡乱华”，左右瞄瞄，杂得很哪。

《教坊记》所记载的歌舞，多是由西亚传来，教坊内外的艺人，也多有西亚人。看唐长安地图，西域人社区之大，有如观今之纽约、洛杉矶的族裔社区。

与其说唐朝时胡人被汉化的程度，不如说唐朝时汉人被胡化的程度，端看从哪个角度讲。

我尝试说唐诗的兴旺与当时的西亚音乐有关，胡人的音乐大概有现在摇滚乐的意思。唐时的诗句都较后世通俗，而且量大，清代的《全唐诗》收了两千多个诗人的近六万首诗，要知道，唐朝时中国还没有活字印刷术，那么多人做那么多诗，传布恐怕是靠歌。

顾氏《文房小说》的《集异记》里载了一篇唐人小说《王之涣》，讲开元年间，有一天王昌龄、高适、王之涣三个诗人到馆子里喝酒，有十几个梨园伶官也来喝酒，三个诗人于是避到旁边去。不久又来了四个漂亮的妓女，一来就奏乐唱歌。三个诗人于是打赌看她们歌中唱谁的诗多，结果每个人的诗都有。后人考证这三个人不可能在一起，但歌伎唱诗，却透露了唐诗流布的世俗途径。

唐诗的四言、五言、七言和词，大概与汉族本来的音乐和胡乐的多种节奏有关系？

大诗人白居易的诗的特色之一即“老妪都解”，就是这样，长安名士顾况还半玩笑半警告：长安米贵，居大不易。这有点像对到纽约去闯荡的摇滚乐手警告：竞争厉害呀。现在北京有个摇滚乐队叫“唐朝”，真让人神往，但听下来，还是朋友崔健的歌词类似唐诗的有元气、朴素、易于上口。犹记得八六年崔健在我家小屋唱《一无所有》，唱了朋友们要求再唱。

其实最像唐朝盛况的是现在流行台湾、大陆的“卡拉OK”，各种人都在积极地唱同样的歌，只不过唐朝没有麦克风和唐诗与现在歌词有优劣之别。

唐朝没有产生哲学家，也没有思想家。带思想的狂欢多尴尬。

崔令钦记的那个杀人故事，我曾经用来写过小说，但写来写去不满意。

十五日

下午与马克去Zattere的Gelati Nico小饮。Zattere应当译为中文的“浮码头”，“码头”是Molo。

威尼斯的Lagoon，应该翻译成“涂”，即浅海的淤泥地，中文字典里没有这样的解释，大概只有江浙海边的人这么说，但是你看了Lagoon，你就明白那是江浙海边人说的“涂”。

之后走了一长段路去买做饭的肉和蔬菜，买到了姜、大料。这两样是威尼斯人极少用到的，因此难买。在一个店里居然买到豆腐，可惜太硬了，像豆腐干儿。

马克说，威尼斯街上所有路标上的文字，拼的都是威尼斯当地的发音。

路过Rialto桥附近的书店，进去看Sergio先生。Sergio先生送我两本书，其中一本是卡尔维诺的《看不见的城市》。全书是卡尔维诺虚构的马可·波罗与忽必烈汗的对话，有一处写到马可向忽必烈讲了许多城市之后，忽必烈说你讲了你从威尼斯一路来的各种城市，为什么不讲威尼斯？马可回答，我一说出口，威尼斯就不在我心中了，还是不讲的好。但是，我所讲的这么多城市，其实都是威尼斯。所以，我已经记不清威尼斯了。

这近似于中国禅里一句顶一万句的那句话：说出的即不是禅。中国人很久以前就认识到语言的限制，庄子说，“得鱼忘筌”，打到了鱼，鱼篓子就忘掉。中国还有一句“得意忘形”，也是同样的意思。只有到了唐朝的禅宗，中国人对语言的否定才达于极端。

中国禅宗的公案有数万个，正是因为禅认为世界是具体的，人类的话语不可能对应无限的具体，所以只好以一对一，以数万对数万，同时又用一句“说出的即不是禅”来警告：语言不等于语言的所指。

真是说得昏昏欲睡，还是来讲故事。

一个学问很大的人去问“禅”是什么，禅师先给学问很大的人倒茶喝。茶杯里满了的时候，禅师却不停止倒茶，于是溢出的茶水流到桌子上，弄湿了学问很大的人的衣服。学问很大的人生气了，说，我来问你禅是什么，你却这样对待我！禅师于是停止倒茶不说话。

杯里满了的时候，就倒不进水了。将束缚你接受“新”的“旧”倒掉，才可能接受“新”。这是日本禅，容易懂，古波斯与阿拉伯也有这样的智。

中国的是，有人问洞山良价什么是佛，洞山回答：麻三斤。玄吧？名词数词量词，因为太具体了，吓得人只好往玄处想，用尽理性的智，忽略了直觉的慧。

又有人问禅，禅师直指流水。对“水”的回答就是具体的水。

禅是具体，所以万物才可能皆佛。悟到这一极端，语言才可不妄对“现实”，反而自由了，有情趣。

所谓“后现代主义”也是“当下”的“言说”，因“当下”而重叠空间，潜在地否定时间。中国人的“历史”意识，亦是一种否定时间的空间重叠。

说说就又昏昏然起来了。

卡尔维诺还写道，与地狱共存的办法是你成为地狱的一部分，或者，找到地狱中不是地狱的那部分。总之，你摆脱不了地狱。

我看语言亦是一种地狱。

Sergio先生感叹威尼斯的旅游商业的粗劣趣味。

我说，这也是一种“地狱”吧。

Sergio先生说有时间要带我去不为人知的威尼斯。他说他不作介绍，只回答我的问题。尽说尽说之间，自豪与悲壮溢出小店，店外仍然是游客们轰轰烈烈地走过。

“马可·波罗”的感叹？威尼斯的卡尔维诺？

卡尔维诺其他的小说用过日本禅。

卡尔维诺的后设小说写得极精致，比如《如果在冬夜，一个旅人》精致到为后设而小说。

中国大陆第一个写后设小说的人我看是马原，真正会讲故事。

十六日

傍晚出来，穿过圣马可广场，沿海边的Riva degli Schiavoni大道走，过七座桥，再折向Garibaldi街。街上是出来纳凉的威尼斯人家，小孩子跑来跑去，老人聚在一起，争论，打着手势争论。一家店里卖几笼小动物，鸟，还有鼠，三四岁的小孩子摇摇晃晃跑进去，呆看然后笑。河里有来卖菜的船，天晚了，只剩下一些蔫了的叶子。路边有大公园，穿过去，远处是威尼斯双年艺术展的地方。

在路边坐下时，教堂的钟声响了。

我想起年初在庞贝古城，遗址中古罗马人家居甚小，而广场、庙堂、浴场一类公共场所均很大，地中海的文化，公共生活是最重要的吧？古罗马讲究修辞，重视讲演，意大利人善言谈，滔滔不绝，在门口告别可长达一个小时，我等在一边观察以消磨时间。意大利电影对话甚长，这都是古代公共生活的影响吗？

马克的家就在附近，有个台湾来的周君明先生住在他家。周先生在台湾设计电脑键盘，这几个月在威尼斯学意大利语。周先生晚上做了几个中国式的菜，只能叫中国式的，因为在威尼斯能买到做中国菜的材料不容易。

例如，在威尼斯买不到葱。有几天我起大早到Rialto桥的菜市去，转来转去，就是找不到葱，威尼斯人不吃葱？是怕嘴里有味道吗？可是威尼斯人吃蒜。

中国讲究烹调，最先是为敬天，也算是敬神吧，首要是味儿，好味道升到天上去，神才欢喜，才会降临保佑。人间敬的菜若是没有味道飘上去，神哪里会知道你的心意？敬过神的菜，人拿来吃，越吃嘴越刁，悉心研究，终于成就一门艺术。我们现在看到的商周的精美青铜器，大部分是用来敬天敬祖先和人间吃饭的。

人间的菜里，最难的是家常菜，每天都要吃的菜，做不好，岂不是天天都要难过？四川成都的小吃，想起来就要流口水，沿街一路吃过去，没有够的时候。以前蜀人家的婆婆每天早上要尝各房儿媳妇的泡菜，尝过之后便知道哪个媳妇勤快。四川泡菜难在要常打点，加盐加酒虽然可以遮一下坏，却失了淡香，而且，泡菜最讲究一个脆。

人比神难侍候。

中国菜里，以粤菜最讲究菜的本味，又什么都敢拿来入菜，俗话说，老广是四条腿的除了桌椅板凳，什么都吃。

吃饭的时候不免谈到电脑的中文系统，对我来说，最不方便的是中国大陆与台湾的中文内码不一致，造成烦恼，不敢轻易改换系统。也许这正是电脑商的成功之处？

我听说国际标准ISO-10646已达成各种文字都能接受的第二版协议，其中中文、日文、韩文里的中文部分都使用同种类的编码，看来问题将要解决了。

周先生演示台湾的中文系统，BIG-5码有一万三千多个汉字，不禁为之心动。我用的大陆中文GB内码，只有六千多字，写官样文章可能够了，我写小说，常常需要造字，烦不胜烦。

马克有一张台湾画家丘亚才给他画的素描像，画得好，疏朗而有神气。

十七日

王克平从巴黎打电话来，说他的木雕二十五日在Hotel de Ville展览，问我能不能去巴黎参加开幕展。我当然要去，但先得请威尼斯警察局将我的一次进出意大利的签证改成多次进出的。

克平是我八十年代初在北京一起画画的朋友，后来他移居法国，我们大概有十年没见面了，只是书信来往，通电话。

克平是我画画朋友中最有才气者之一，他每天都要动手，否则就身体不舒服。一九八八年汉城奥林匹克运动会时，奥委会收藏了他一个两公尺高的木雕，这个木雕原来放在法国乡下他小姨子的院子里，运走时村里人都有些舍不得。

十八日

下午开始刮风，圣马可广场那些接吻的人，风使他们像在诀别。游客在风里都显得很严肃。

十九日

M先生是个很热情的人，其实意大利人，整个地中海沿岸的人都很热情，大概是因为阳光吧。上午，M先生要引着去Murano岛看做玻璃，之后再去看印染还是挑补绣，没有听清楚。

M先生一到街上，就说，这条街从前叫杏仁街，是一条妓女街（杏仁是女阴的隐语）……从前的女人总是劝男人不要到杏仁街去……街头的这座桥叫客气桥……这是行会的楼……这是邮局，从前是德国大使馆。

忽然听到M先生说，从前威尼斯的街墙上都是壁画。这话令我一惊，威尼斯在我的心目中完全变了一个样子。

威尼斯的建筑受拜占庭风格的影响很大，在那些雕琢的门窗廊柱之间，总好像失去些什么。是的，如果有壁画，它们就平衡了，会像波斯地毯那种调和的绚烂。

M先生讲得高兴的时候，会在窄巷里停下来滔滔不绝，于是来往的人只好被堵在往来的路上。

M先生不断和人打招呼，说，都是朋友。

去Murano的水路中，有S. Michele岛，是威尼斯的墓地。岛上还有一个修道院，如果你在岛上待了一天，修士就请你吃饭。

岛中有希腊正教的陵园，斯特拉文斯基和他的夫人同葬在这里。风很大，树都在摇，阳光照得白石墓板晃眼，逝者安息。

到了Murano，工厂已经下班了，不过M先生还是找到了一家，三个师傅在做吊灯。我本来一直在奇怪，为什么要到这里来看做玻璃，我在威尼斯岛上去过不少玻璃店，站着看他们用玻璃做蚂蚁，做老鼠。原来威尼斯人认为的做玻璃，是做大型玻璃吊灯。

回到威尼斯岛后，M先生又介绍了一个教堂的天顶画。他说，这是世界上最大的油画，原来是整个天顶用亚麻布贴好后，再将油彩画上去。

与一个威尼斯人在一起，你很难预料到你会看到什么，可能的话，威尼斯人会把整个威尼斯岛翻过来向你介绍。

时间晚了，没有看成我没听清的印染还是挑补绣。

晚上请马克和周先生在“杭州酒楼”吃饭，这家馆子是上次小兰来时介绍的。菜上来后，周先生吃得苦笑。

一整天都是风，威尼斯的木窗板在风中啪啪作响。

二十日

仍然是风。

晚上Luigi和Maurizio来，Maurizio在波隆那，他要写一篇关于中国知识分子问题的论文。

我的意见是，“知识分子”这个词在中国的出现还不到一百年，是外来的，借用日文的“知识”（chishiki），中国传统上是称“读书人”和“士”。“传统”这个词，也是得自日文，日文用来翻译Tradition。

传统中的读书人每天读书，目的是为了通过考试而做官，做了官之后，则整个家族的经济、政治状况都会有根本的改变。孔子第一个提出“有教无类”，使受教育者无分出身，这是世界教育史上的一个新概念，在中国实行了两千多年，欧洲则是资产阶级革命之后才“有教无类”，因为需要认字的劳动力。孔子还指出“学而优则仕”，也就是为什么读书，搞得当今大陆读书人对“下海”又恨又爱，一股子滋味在心头。

传统中的读书人要读很多年的书，所谓“十年寒窗”。在这个过程当中，读书人经历的是一个自觉改造自己的过程，也就是读圣贤书，将自己思想中非圣贤的部分清除，这样才有可能在考试时答案合格，得以通过而能做官。

因此中国的读书人与皇家及其官僚机器的道德一元化是必然的，道德的一元化是政治一元化的基础，读书人与政治的一体性也就是必然的了。这种情况到现在没有改变，我还记得我小学时代每年的操行评语中“缺点”一栏总是“不关心政治”。

不过这些都是复述黄仁宇先生的《万历十五年》的观点，这观点我很同意。

用西方的“知识分子”来代替中国的“读书人”，会误解“中国知识分子”。中国如果有西方意义的知识分子，常常是由于个别人的性格的原因，就好像麦田里总会有一些不是麦子的植物。

我对知识分子不很重视，因为对“知识分子”的定义都可以用在其他的“分子”身上，例如“独立见解”，任何一个心智健全的人都会有独立见解。反之，许多恶习在自称知识分子的人身上并不缺乏，例如狭隘、虚伪、自以为是、落井下石。

所以我重视的是每个人对知识的运用，而非谁是知识分子。

Maurizio说，六月将有一个中国团参加波隆那的博览会，其中有几位四川来的厨师，于是相约到时候去吃川菜。

二十一日

还是风，略小，仍冷。

中午去街上买菜，又忘了威尼斯人中午休息，无功而返。威尼斯古代的中午休息吗？

威尼斯警察局的答复是，不能改变中华人民共和国护照的一次入境签证为多次入境签证。法国因此不能去。

二十二日

米塔、安德雷从罗马坐火车晚上十一点十八分到威尼斯来，我去车站接他们。安德雷是大个子，很远就看得见他。米塔小巧，像一把阿玛蒂（Amati）提琴，总是背一个大包，用胳膊夹住。穿过幽暗的威尼斯，我们走回火鸟旅馆。

我给他们做汤面和豆腐吃，馋起来也给自己做了一碗。

汤面按照中国南方阳春面的方法，料底加的橄榄油，这里没有香油和冬菜，亦无葱，加一些煎豆腐的汁，用开水冲开，面煮熟后捞在汤料里，再放几片这里的苦菜，味道鲜起来。

煎豆腐则是切几片咸肉铺在锅底，再把豆腐切成片放在肉上，撒盐，淋一点辣椒酱，想想意大利人总要吃番茄酱，也淋上一点。煎出来还不错，可惜豆腐太硬了。

请他们喝咖啡，但我买了用开水冲的美国式咖啡。不明此道，惭愧，于是给他们沏茶。

闲扯起来，谈到芒克，米塔和安德雷与芒克很熟。我非常喜欢芒克的诗。

八四年夏天，中国已经开始经济改革，我和芒克去秦皇岛与人谈生意，以为可以赚点儿钱。芒克一到海边，就脱了鞋在沙滩上跑，玩了很久。芒克人很漂亮，有俄国人的血统，我躺在沙滩上看着美诗人兴奋地跑来跑去，想，如果我们能赚到钱的话，可能是老天爷一时糊涂了。

二十三日

早上安德雷出去买报，买回来意大利人喝的咖啡。

报纸中《共和国报》正好登了我为苏童的小说写的文字，其中谈的是他的“语气”。

苏童无疑是现在中国大陆最好的作家之一，他的叙述中有一种语气，这种语气没有一九四九年以来的暴力，或者说，即使苏童描写暴力，也不是使用暴力语言来描写暴力。

苏童的阅读经历应该是在几十年来的暴力语言的阴影下，他从阴影里走过来而几乎没有阴影的气息，如此饱满，有静气，令人讶异。如果了解四十年来暴力语言的无孔不入，就可以明白苏童是当今自我力量最强的中国作家之一。

厨子身上总要有厨房的味道，苏童却像电影里的厨师，没有厨房的味道。

苏童的长篇小说《米》，写出了当代中国小说中最为缺乏的“宿命”，这个宿命与性格融会在一起，开始接续《红楼梦》的传统。当代中国大陆的意识形态是排斥宿命的，同时认为艺术完全是工具，所以四十年来大陆文学里宿命消失了，从此任何悲剧故事都不具有悲剧意义，只是悲惨、诉苦和假阳刚，这一切的总和就是荒谬。

苏童的许多小说都有宿命，例如《妻妾成群》，感人之处是隐藏在似乎是制度问题之下的命运。假如制度是决定性的，那么不同制度下的人怎么样互相感受对方呢？希腊悲剧的力量为什么能够穿越制度的更迭，仍然控制着我们的精神？《大红灯笼高高挂》的改编在我看来，这一点上自觉不到。

中国古典小说中，宋明话本将宿命隐藏在因果报应的说教下面，《金瓶梅》铺开了生活流程的规模，《红楼梦》则用神话预言生活流程的宿命结果，这样成熟迷人的文学，民国有接续，例如张爱玲，可惜后来又断了。

这其中的原因可能是历史主义统治了中国文学，而“历史”这个字眼本来就很可疑。用文学反映所谓的正确的历史观，结果是文学为“历史观”殉葬。这也就是为什么我常常重读托尔斯泰的《战争与和平》，却避开小说最后的历史说教章节的原因，我不忍看到一个伟大的小说家沦为一个三四流的历史哲学本科生。

中国还有一位女作家王安忆，也是异数，她从《小城之恋》、《岗上世纪》到《米尼》，出现了迷人的宿命主题，使我读后心里觉得很饱满，也使我觉得中国文学重要的不是进化式的创新，而是要达到水平线。

这样的作家，还有一些，像刘震云、李锐、余华、刘恒、范小青、史铁生、莫言、贾平凹、朱晓平、马原、李晓等等等等，也许我要改变过去的看法：当代中国大陆只有好作品，没有好作家。

中国传统小说的精华，其实就是中国世俗精神。纯精神的东西，由诗承担了，小说则是随世俗一路下来。《红楼梦》是第一部引入诗的精神的世俗小说，之后呢？

也许是我错了。

三个人在威尼斯闲逛。威尼斯最好的就是闲逛。

逛到格拉西宫，那里正举办列奥纳多·达·芬奇的展览。意大利古代的素描，迷人的是浅浅的线条与纸的关系，产生一种银质的素丽与微妙。中国古典绘画重视的笔墨也是这种素描关系，墨用得好，也是银质的。

达·芬奇是欧洲文艺复兴的完整象征，科学、艺术、人文。现在是分类领域里的奇才，为人羡慕景仰，中国大陆科技类大学教育谈不上人文教育，综合类大学也谈不上，毕业出来的学生其实是“残疾”人。

逛到葛根汉现代艺术博物馆，老太太原来死后葬在这里，墓紧靠着花园的西墙，我以为她葬在纽约。旁边还有她死前三十年间的六条狗的墓，墓碑上刻的是“我的孩子们”。

毕加索的“诗人”在这里。

又到浮码头小饮，麻雀像鸽子一样不怕人。一个老人久久坐着，之后离开，笔直地向海里走，突然拐了一个直角沿岸边走，再用直角拐回原来的座位，立在那里想了一会儿，重新开始他的直角离开方式，步履艰难。

老？醉？也许觉出一个东方人注意到他，于是开个玩笑？

其实这个东方人在想，自己老了之后，能不能也拐这样漂亮的直角。

（此文有删节）

二十四日

米塔和安德雷傍晚回罗马，送他们到火车站，约好不久去罗马看他们。安德雷说不要在下个月底，因为米塔得了一个翻译奖，下个月底到南方去领奖。

年初我得了NONINO奖，同时得奖的还有一个法国历史学家和一个意大利作家，他们领奖后的感言都非常好，我则说我的这个奖其实应该是米塔的，一定是米塔的译文好，才促成了十一位评委的决定。这不是客气。

朋友木心在回答《中国时报》关于中国作家什么时候能得诺贝尔文学奖的时候一针见血：译文比原文好，瑞典人比中国人着急的时候。

米塔今年其实得了两个奖。

二十五日

我可以分辨出谁是威尼斯人，谁不是威尼斯人。威尼斯人走得很快，任何熟悉自己居住地方的人都能飞快地直奔目标，而且通晓近道儿。

威尼斯人经常会碰到打招呼的人，在一个地方住久了，猫和狗都会摸清你的脾气。

我在威尼斯走路的速度开始快了，这不容易，每天经上万只鞋底磨过的街石像冰一样滑。

街上卖东西的人开始知道我不是日本人了。

克平从巴黎打电话来，讲既然我不能去，那么他这个周末来威尼斯。

二十六日

偏头痛，左边，右边从来不痛。因为右边不痛，所以更觉得左边痛。

曾经去看过西医，医生说，偏头痛是一种幻觉，实际上你的头没有发生什么事情，不要担心，吃一点阿司匹林吧。

我想我自己脖子上的这颗头痛起来如此具体，不可能是幻觉。于是去看中医，大夫先号脉，之后看我伸出来的舌头，说，脉细弦尺弱，肾虚，阴亏，阴阳不调致虚火上升。开几副药罢，吃了若是症状减轻，再来摸一下脉，把药调整一下。坚持吃，若不过劳，两个月可以去根儿。

我去看的这个大夫通西医，按他的解释是，头颅的颞骨处，有一个很小的洞，面部三叉神经通过这个小洞从颅内出来，若这个小洞处的肌肉或三叉神经发炎，就会头痛。发炎吃消炎药当然是对的。吃镇痛药也可以解决一时的疼痛，但都不能解决根本的问题，根本的问题是为什么会发炎。

中医用阴阳概括人体内的系统关系，阴虚就是系统不调和了。不调和的结果是虚火发出来，导致炎症，例如牙床发炎，俗称火牙，脸上长痘等等等。一般人认为肾虚是房事过多造成的，其实“肾”在中医的概念里是一个系统，任何方面的过劳都可能伤害这个系统，造成“肾”虚。

我的原因我自己明白，就是每天从半夜写到院子里的鸟叫了。你知道鸟在一天的什么时候开始叫吗？

我现在知道威尼斯的鸟什么时候开始叫。它们在窄巷里叫，声音沿着水面可以传得很远。听到鸟叫，我就关上电脑，下楼，走到巷子里的一座小桥上，下面是河水，其实是海水，在威尼斯你永远可以闻到咸腥味。威尼斯是一个海岛，海是亚德里亚海。

桥头有一盏昏暗了整夜的灯。黎明前的黑暗中，鸟的嗓子还有点哑，它们会像人那样起床后先咳嗽几下，清理清理。

现在它们已经清理好了，所以声音传得更远了。

威尼斯的水手也是在小巷河中的船上唱歌，唱完了，船里的游客和站在桥上的游客一起拍手，掌声像歌声一样，在小河里传得很远。

因为偏头痛，三年前把酒戒了。我曾与朋友说过，如果有一个人突然把烟或酒戒了，千万不要和他交朋友，他既然狠心到可以戒烟戒酒，还有什么不可以做的呢？如今我说过的话在我身上得到报应。

我的人生就此失去一大境界。

我的这颗头痛起来，人会失去平衡，什么事也不能做，只好躺下，虽然躺着一样是痛。

天亮的时候，那个斜钟塔开始敲起钟来，好像记记打在我的头的左边。

二十七日

与马克去S. Giorgio Maggiore岛，岛上有图书馆。这岛上大部分是Cirogio Cini基金会租下的，去，要预约。基金会图书馆买了台湾“中央”图书馆藏书的微缩胶卷，有一本目录，翻检之后，知道是当年北平图书馆的善本书，一九四九年转移到台湾。大概北京图书馆现在也买了这套胶卷。图书馆里架上的中文书大多是丛刊集成和佛学、道教文献套装。

我不喜欢北京图书馆，甚至不喜欢所有中国大陆的图书馆。大陆图书馆常常夸耀收藏了多少万册书，但需按等级申请借哪一类书，我不是这个等级系统里的人，所以只好读不到什么书。中国为什么要发明印刷术呢？可能是预测到可以印钞票吧。

岛上有教堂，于是到钟楼上去看威尼斯。开电梯的是一个修士，知道我是中国人后，讲他有几个朋友到中国传教，甚为羡慕，因为自己选择做修士，所以不能到处走。

在高远处仿佛看到的是古代的威尼斯，大部分现代的设备都被缩小以致看不见。

俯览下的威尼斯好像是蓝玻璃板上的一块橘红色宝石。

回到威尼斯本岛，头还在痛，马克正好带得有药，讨了一片，在街上却到处找不着水，平常闲逛时总是见到一直流水的龙头，这时都不见了。遇到小药房，买了一盒药，抠一粒出来，攥在手里汗都出来了。

书店的Sergio先生介绍了一个做琴的Andrea Ortona先生就在附近，于是去看他。进门后即向他讨水，将药吃下去两粒。Andrea是个年轻人，克雷莫纳提琴学院毕业，威尼斯只有他一个人制作小提琴。

正有一个威尼斯音乐学院的教授拿一把大提琴请他粘裂开的地方，说晚上要用。两个人说了一会儿，教授走了。他苦笑着说这么短的时间怎么可能干透呢。

药开始发生作用，头不痛，但是重。想吸烟，到处都是木头，于是出去在河边街旁拿出烟来吸。忽然看到河对面一幢华屋里有伙年轻人在打篮球，那屋子虽然大，但打球却嫌小了，而且墙上是精美的玻璃窗。于是怀疑是不是头痛得狠了，吃药有幻觉，回到店里唤马克和Andrea出去看，确实有人在打篮球。他们也觉得奇怪。

今晚开始转播美国职业篮球季后赛（Play off）西区冠军争夺赛，之后，东西区的冠军队争夺全美冠军。不要以为还有亚军，没有，美国的职业球类比赛只有冠军。就像赢钱一样，你能说没有赢到钱的是“亚军”吗？

美国的职业篮球也确实是在赢钱，明星级队员的年收入高得令人不能相信。有人问一个富翁为什么不看篮球，富翁说，我不愿意看千万富翁流着汗在许多人面前跑来跑去。

幸亏我不是富翁，所以我看篮球。

今天是西区队波特兰开拓者对犹他爵士，开拓者胜。

二十八日

东区队的芝加哥公牛对克利夫兰，公牛以一二二比八九胜克利夫兰。演员杰克·尼可逊到场，他永远是在场边观看。他原来是洛杉矶湖人队的球迷，季后赛每场必到，也许他现在追随公牛了。

湖人的魔术师约翰逊去年宣布感染艾滋病毒退出球队，湖人的球迷甚受打击。我当然也是湖人的球迷，但不喜欢约翰逊控制了湖人。明星队员当然在很大程度上控制球队，可问题是约翰逊将湖人的进攻速度压制下来。虽然湖人去年还赢了西区冠军，但是去年季后的比赛，只看到约翰逊把球留在自己手上，其他的队员几乎无事可干。约翰逊大概已经跑不快了，他的切入上篮惨不忍睹，毫无美感，但是能造成对方犯规，于是罚点球，约翰逊到底是职业球员，他罚球很少有不进的。

湖人去年与开拓者的西区冠军争夺赛，到最后一秒时，约翰逊上篮失败倒在地上，镜头里他笑得很快活，多年的职业经验告诉他，裁判将判对方犯规。果然是约翰逊得到罚球机会，湖人赢了。

美国人说，赢了就是赢了。美国人崇拜胜利，我则认为我没有看到运动，我希望富翁跑来跑去，我希望看到他们的运动素质值那么多年薪。

二十九日

王克平一早来，老样子，总是笑眯眯的。

克平说在巴黎的家里种了许多竹子，没想到竹子要悉心侍候，浇水，除虫。我警告他竹子的根很厉害，最后能把房基穿透，整个房子因此倒掉，克平还是笑眯眯的。我又说注意竹子开花，竹子开花就是它们要死了，一死会全部死掉，因为竹子是靠根，也就是靠竹鞭发展成竹林的，克平这才有些慌，说，是吗?

中午正好N先生请吃饭，于是拉了克平一道去。N先生谈起明年的威尼斯双年展，问我能否推荐中国的画家。不过中国画家常常搞“表现主义”，最好不要陷入他们的矛盾里，于是提了一些名字并嘱咐不要说是我提的。

下午和克平在顶楼阳台上闲谈，漫无边际。人世一大快乐就是与朋友闲扯终日，不必起身。这一点欧洲人与中国人最像。美国人是在电视机前面，不断地用遥控器换频道。

傍晚，威尼斯夏天的第一场大雨。

波特兰胜犹他，一〇五比九七，取得全美冠军决赛权。波特兰的小个子Ainge与犹他的小个子Stockton打得精彩。篮球是长人的运动，我在美国看篮球赛现场，有时会错觉回到了史前，在一个安全的地方看恐龙打架。今天几乎是矮个子决定了高个子的命运。

三十日

芝加哥公牛胜克利夫兰，九九比九五。公牛将与波特兰争夺全美冠军。

这下有的好看了。也有小个子，公牛的小个子Paxson与克利夫兰的小个子Price。美国篮球运动要改变了吗?

三十一日

C先生告诉我威尼斯与中国的苏州是友好城市。我想这大概是因为苏州城里有许多河道的关系吧。

我在苏州住过一段时间。我做过摄影师，去拍过苏州的许多地方，就是没有拍苏州的河，原因很简单，当时苏州的河里几乎没有水了，于是河的两岸像牙根一样裸露出来。

在水、桥与城市的关系上，类似威尼斯的城市还有荷兰的阿姆斯特丹，它有一千多座桥，一百多条运河。瑞典的斯德哥尔摩，十五个小岛被水隔开，又由许多桥连起来。

非洲马里的莫普提也有些像，但是城市所在的三个岛，缺少桥梁的连结。尼日利亚的首都拉各斯则号称“非洲威尼斯”。

文莱的首都斯里巴加湾和泰国的首都曼谷也都是与河道有密切关系的城市，但所有这些地方，据我的观察，独独威尼斯具有豪华中的神秘，虽然它的豪华受到时间的腐蚀，唯其如此，才更神秘。

白天，游客潮水般涌进来，威尼斯似乎无动于衷，尽人们东张西望。夜晚，人潮退出，独自走在小巷里，你才能感到一种窃窃私语，角落里的叹息。猫像影子般地滑过去，或者静止不动。运河边的船互相撞击，好像古人在吵架。

早上四点钟，走过商店拥挤的街道，两边橱窗里的服装模特儿微笑着等你走过去，她们好继续聊天。有一次我故意留下不走，坐在咖啡店外的椅子上，她们也非常有耐心地等着，她们的秘密绝不让外人知道。

忽然天就亮了，早起的威尼斯人的开门声皮鞋声远远响起，是个女人，只有女人的鞋跟才能在威尼斯的小巷里踩出勃朗宁手枪似的射击声。

六月

六月一日

其实不妨将威尼斯与扬州做一个比较。

先来说扬州。扬州正式被称为扬州，是在公元七世纪唐初，当然这之前扬州因为地处长江与隋朝开凿的南北大运河的交会处，已经非常繁荣。几乎唐朝的所有著名诗人，都到过扬州并有诗作，记忆中似乎只有杜甫虽然提到过扬州而终于没有去成。

扬州的令人留恋，唐朝有个叫张祜的诗人甚至用“人生只合扬州死”来形容。到了公元十七世纪的清初，扬州因为成为全国盐运中心的关系，达到了繁荣的顶峰。

据统计，当时，比如康熙年间，全国的年收入是二千三百多万两银，而扬州的盐商每年要赚一千五百多万两，超过国家的岁入的一半。乾隆五年（一七四〇），一个叫汪应庚的商人自己出钱赈饥荒，“活数十万人”，当然我们也要知道当时一个村塾先生每月收入低到不足一两银。

另一个为人熟悉的事是乾隆皇帝南巡到扬州，游大虹园，也就是如今还在的瘦西湖，说，“此处颇似南海之琼岛春阴，惜无喇嘛塔耳”。皇帝说的就是现在北京城中心的北海公园，清朝时是皇家园林（现在这处园林的南部是中国共产党中央和国务院所在地，最南边的大门现在叫新华门）。公园里有一个很大的湖，湖中有岛，岛上有山，山上有白色巨塔，塔的高度大约和圣马可广场上的钟楼相等，按照西藏佛教的塔的样式建造。当时江南人没有见过这个塔，于是扬州盐商纲总，也就是现在称为商会会长的江春马上贿赂皇帝的随从，得到塔的图样，连夜造了一个同样大的。第二天皇帝再来的时候，着实吓了一跳。惊叹盐商的财力。而这之前，扬州的盐商们为了皇帝的到来，已经用二十万两银给皇帝建造了一个行宫。

一夜之间造起一个巨塔，固然说明盐商有钱，但也透露出扬州一地可以在极短的时间里召集到足够的工匠。我记得M先生说过威尼斯的古代有六千个石匠。

盐商们还把钱用到建造私人花园上。首先数量之多，当时的中国没有一处比得上。再者，花园的精美与多功用，也是没有一处比得上的。我在纽约大都会博物馆见到过罗聘的《程氏筱园图》，画的就是当时大盐商程伍桥的私人花园。这个花园据《扬州画舫录》的记载，仅面积就有三十多亩，其中芍药花十多亩，梅花近十亩，荷花十多亩，从取景的名称上推测，还种有松树和桂花树。

另一个大盐商郑侠如，他的两个兄弟各有自己的花园，他自己的花园“休园”面积达五十多亩，除了住宅，还有四处不同用处的建筑，二十四处风景建筑和景别。

现在扬州市内的一些当时的花园，如“个园”，已经令我们惊叹了，而在当时竟是毫无名气的私人小花园。

这些都记载在清代李斗著的《扬州画舫录》里。“画舫”是说当时扬州的游船，意义相当于威尼斯河道里的弓独拉（Gondola）小船。

《扬州画舫录》描述当时的“新河”两岸，都是著名的花园。这就要说到威尼斯，沿着大运河的两岸，都是华丽的楼房，没有一栋是草率的，石雕的窗户和大门，件件都是艺术品，更不要说整个威尼斯百分之八十都是这种楼房，再加上分布密度很大的教堂和里面的艺术品，令人不敢估量威尼斯的总价值，生怕吓坏了自己。

不过扬州当年的富足亦有荒唐的一面。有个富商做了一些女裸体木偶，真人大小，安了机关让它们活动，来赴宴的客人都吓得躲避。另一个富商想知道“一掷千金”是何感觉，于是手下人去买了非常多的金箔，搬到金山塔上，逆风抛撒，江边的树枝草地就都是金光闪闪了。又有富商花了三千两黄金买苏州的小不倒翁，放到河里，水道于是阻塞。有一个人喜欢大东西，于是造了个铜便盆，撒尿的时候要爬上去。另有人爱丑，觉得自己不丑，于是把脸弄破，再涂上酱，在太阳底下晒。

威尼斯在古代权力最大的是商人，他们组成议会，由议会推举出“执政官”（Doge）。

据说这执政官没有什么权力可言，写封私信都要议会过目，还不如《大红灯笼高高挂》里的姨太太，那里的姨太太还可以出去会情人。

《大红灯笼高高挂》在意大利卖座极好，有意大利人好时装的原因。年初天气正冷，意大利街上有不少穿皮大衣骑自行车的女人。我在洛杉矶碰到过买皮大衣的台湾女人，听说台湾温暖潮湿，皮大衣可不好保存啊。

我问过马克为什么威尼斯选的是“执政官”？马克说因为威尼斯商人不要“国王”。

（此文有删节）

二日

搬到S. Stefano广场边上住，房间大而精美，但与对面的楼太靠近，阳光进来的很少。窗下是一条窄河。

很近的地方有人在拉琴，原来隔壁就是威尼斯音乐学院。

听不到那个斜钟楼的钟声了，虽然离它不会太远。听不到它的声音反而很想它。

中国有个叫曹时中的工程师，是浙江大学土木系的教授。他在一九八七年说有把握将比萨（Pisa）斜塔纠正，当然所谓纠正，是将比萨斜塔恢复到一三五〇年时的斜度。完全纠正，就不是斜塔了。之后，曹时中用他自己的方法纠正了两座古塔，一是余杭县明代的舒公塔，已经有四百年的历史，倾斜一点二七米；另一个是上海的青龙塔，有一千二百多年的历史，倾斜一点五六米。比萨斜塔倾斜四点四二米，一一七四年建，有八百多年的历史了。

意大利塔很多，于是斜塔也多。

波隆那市中心有个斜塔，斜塔上有一块石板，石板上刻着但丁（Dante）当年的话，说，它像一个巨人俯身向我说话。

我看到它时，它已经断了，于是矮了。从远处看，它好像听到什么事，一副惊愕的样子。

三日

在威尼斯一个月了。

翻看前面的日记，知道二十六日起有一次头痛。日记原来有这样的用处，只要你记下来，它就告诉你记的是什么。我经常发现这些简单的真理。

铁匠有一个徒弟，徒弟总想知道打铁中的秘密。师傅于是对徒弟说，好好干活吧，我死之前一定告诉你打铁的秘密。徒弟当然知道，师傅要保守自己的秘密，就是现代称为商业机密的那种秘密。威尼斯古代就有关于制造玻璃的商业机密，有两个人因为把它们透露给法国人而被毒杀。

徒弟心中猜着那个秘密，随着师傅打了许多年铁。终于到了师傅要死的时刻了，徒弟心中着急，因为师傅还没有告诉他那个秘密。

师傅当然记得自己的诺言，叫徒弟把耳朵凑近自己的嘴，用最后的力气告诉他：热铁别摸。

我今天发现的就是这种真理。

但是我也发现那天的日记有一个简单的疑问，就是，我究竟吃了大夫开的药没有？如果吃了，看来没有作用，因为二十六日头的左侧又痛了。

大夫开过药了，我也在吃药期间避免晚上写东西，一个月后，头居然不痛了。我的头痛了二十多年，几乎每个星期都要不同程度地发作一次。不痛之后，我甚至想再痛一下，用来体会不痛。

但是鱼与熊掌不可兼得。我必须夜里写东西，我习惯在夜里写东西，我决心下辈子改掉这个坏习惯，假如下辈子头还痛的话。下辈子再痛，我猜应该是右边了，左边痛了几十年，也该换换了。

结果是，一年以后，头又开始痛了，还是左侧。

不妨来看一看药方里的中药草：

山萸肉：山茱萸的果实。茱萸这种植物很香。中国人的风俗，阴历九月初九，重阳节，身上系一个布袋，里面装茱萸，登高饮菊花酒，用以辟邪。初夏五月初五端午节，则是用艾草来辟邪。所谓辟邪，意思之一是换季时防止生季节病。

葛根：就是皮可以织“葛布”的那种葛的根，它可以松懈肌肉，用来治冠心病、心绞痛、高血压很见效。若是酒吃醉了，吃它的花可以解酒。威尼斯的醉汉不妨试试，意大利的酒店也不妨卖这种花，酒一定会卖得更多。另一种粉葛的根自古就是度荒年的食物，我在云南时，大家常上山挖来煮吃，生吃是黏的，滑溜溜的像鼻涕，煮熟了，真是鲜美。要小心的是苦葛根，将砸裂的苦葛根丢进河里，鱼就会假死，浮到水面上来，人则一片欢腾。我本来认为苦葛使鱼的肌肉松懈，水的压力使鱼的体内循环停止，由于缺氧，鱼昏迷了。其实不是，苦葛根是胃毒。所以挖葛根时要注意，叶子圆而且不分叉的是苦葛，吃会毒死，不吃又会饿死，怎么办？答案很简单：吃别的。

赤芍：野生芍药的根。大夫后来又加了白芍，白芍是人工培养芍药的根。

川芎：就是芎穹草，中国西南各省都有，大概我老家四川的最好，所以才叫川芎吧。川芎可以用来测验妇女是否怀孕了，方法是喝川芎熬的汤，自觉腹部微动，多半即是有胎。

没药：古代由阿拉伯传入，原来是香料，唐代的贵妇加在水里用来洗澡。后来入药，但也许当时就做两种用途。

白芷：我看药铺给我的是川白芷，没有关系，药性是一样的。滇白芷的药性就差一些，虽然都叫白芷，前者是当归属，后者是白芷属。

薏仁米：也叫“回回米”，大概最初是从阿拉伯传来的。虽然叫米，但与稻子无关。很多人用它煮粥，吃来补养身体。东汉的马援在基督十七岁的时候领兵经海路去交趾，也就是现在的越南一带镇压叛乱，因此被封为“伏波将军”。他在交趾常吃薏仁米去湿气，回来时，因南方的薏仁米大而且圆，就想引到北方种植，于是带了一车回来。不料马援死后，有人向皇帝诬告他带了一车珍珠回来。法国的布封曾经写过天鹅因为吃薏仁米所以长得高贵，我疑心中文译错了，因为莲子称“薏”，既然说天鹅高贵，它极可能吃的是水中的莲子，而不是长得很多的薏仁米。可能我错了，也许布封时代的法国，视薏仁米为高贵食品。

丹参：它的根用来做药，是红色的。

白花蛇舌草：因为发现这种草药治癌有效果，所以现在很受重视。它本来治阑尾炎很有效。

生日草：草药类，作用？我对中药熟，对草药不太熟。

生黄芪：在中药里的地位很高，用来补气。古代药典里常用赞扬的语气谈到它。黄芪可以提高人体免疫功能，中医研究治疗艾滋病的药里，它起很重要的作用。中国的药膳中，用炙黄芪（也就是生黄芪拌蜜后用小火炒）六钱、冰糖六钱，放入一只鸡的肚子里在锅里用小火炖，鸡要去除内脏。经常吃，人会很精神，有抗衰老的作用。

白术：浙江产的最好。

知母：北方的野地里常见，根入药。夏天特别热的时候，牲口会自己找来吃用以解暑。很多动物在病痛时都会自己找一些植物吃来治自己的病痛。中国传说神农尝百草，成就了中药，我猜很多药是神农跟踪动物才发现的。现在的新药仍然是动物先吃，之后才给人吃。我在乡下时有过一条狗，它被咬伤后从来都是自己跑进深山找各种草吃，一两天伤就好了。狗甚至会自己接骨，乡下很少看到瘸腿的狗。我曾经跟踪过一条腿伤了的狗进山，半路上它停下来，眼神忧伤，不肯再走，我于是知趣地回头离开。

防风：以东北产的最好，叫“关防风”，“关”是“山海关”；内蒙古产的叫“口防风”，“口”是“张家口”，看来这些称呼都是以华北为中心的叫法。采药的人又分防风为“公防风”、“母防风”，“公防风”不开花不结果，根肥软。“母防风”则开花结果，根如木柴，收购站不收。防风可以解毒，尤其可以解砒霜的毒，也就是砷中毒。

板蓝根：板蓝根是用菘蓝草的根做的药。菘蓝草乡下用来做成靛蓝，用蓝靛染布，做成衣服，穿在身上，虱子不会上身。板蓝根在中国大陆气功热的时候脱销，因为据说练气功之前喝板蓝根水，可以清除体内浊气。

全虫：就是蝎子。

地龙：就是蚯蚓。乡下治头痛的偏方就是吃蚯蚓。另外，乡下女人若奶水不足，挖些蚯蚓来碾成浆涂在乳房上，可以催奶。

生牡蛎：就是牡蛎的壳磨成的粉。这种粉用小布袋包起来，放在水里煮几分钟，之后才放其他的药到水里煎，所以生牡蛎是最常用的先煎药。如果肾虚，中医会建议吃虾时连壳带头都吃下去，虾的外壳与生牡蛎都含很多钙。

中药里有些植物，在不同的药方里要做不同的处理，例如“炮制”，方法之一是将干燥后的枝杆放在铜臼里，用铜杵捣一捣，可以改变某些药的药性强度。我小的时候经常看到药铺里的伙计在柜台上一边咚咚地炮药，一边与人聊天，或者看街上来往的人。

四日

三年了。

（此文有删节）

五日

威尼斯早上三点钟，电视第二次播放公牛与开拓者争夺全美冠军的第一场比赛，公牛的绝对优势使这场球不好看，第四局完全是双方的板凳队员在打。

公牛一二二比八九赢开拓者，篮球比赛有的时候像赌博，手气不好，就像魔术师约翰逊说的，篮框或者像大海，或者比针尖还小。

公牛队的乔丹真是潇洒，素质超常，天才。同队的皮蓬亦是潇洒，直臂高举灌篮，万夫莫敌，模样长得像我在乡下时的一个生产小队长。

偶然看过一篇台湾的“唐诺”写NBA篮球，真是写得好。读好的篮球文章亦人生一大快事。

张艺谋到罗马，他因为《大红灯笼高高挂》得了意大利大卫（Davide）电影奖。艺谋打电话到火鸟旅馆，我当然已经搬走了，但传给我的消息是有一个女人接了电话，而且懂中文！这很像是一个恐怖电影的结尾。

艺谋已经被朋友们称为“得奖专业户”了。

艺谋三月到洛杉矶时说拍了个《秋菊打官司》，“跟以前的拍法完全不一样，你将来瞅瞅。”

不由得又想到扬州。《扬州画舫录》真是一本有意思的书，我曾经做过一些笔录，这是一本应该买下来的书，可惜买不到。这种书其实是“毒品”，看过了还想再看。中国此类“毒品”甚多，欧洲一定也有这类“毒品”，两个文化之间的交流，这种“毒品”翻译介绍得最少，其实这类书闲适、生动，有人与环境的质感，最易读通。

《扬州画舫录》记下了一千多出戏的戏目，有意思的是作者记录了当时的许多演员、演出程序、演出酬金、角色分类，甚至说到因为扬州潮湿，外来的演员会长癣疥。

其中讲到一个余维琛，面黑多须，善饮，性情慷慨，在扬州小东门羊肉铺里见到家乡来的小叫化子，脱狐皮大衣相赠。

又讲到一个演老妇人的演员，一只眼是瞎的，上场用假眼，演来如真眼一般。

女演员任瑞珍，嘴大善于演哭，绰号“阔嘴”，当时的一个诗人说，见到瑞珍，一年之内都不敢以“泣”为韵做诗。

费坤元，脸上有一颗痣，痣上有几根毛。

余绍美，麻脸，但看到她的人，均忘其丑。

余宏源，喜喝酒，饮通宵亦不醉，仅鼻头似霜后柿。

刘亮彩，声音像画家笔下的枯笔，应该是我们现在说的沙嗓子。

周仲莲在台上每次演梳头，台下观众脸色大变。蔡茂根演戏，帽子欲坠，观众都很担心，可帽子就是不掉。

小鄢，小时候喜欢学女人的举止，他爸爸气得把他丢到江里，结果没有死，后来跑到戏班里演女人，又改行去贩丝，最后淹死在水里。

杨八官穿女人夏天的衣服睡觉，差点叫个和尚真当女人强奸了。

魏三儿四十岁的时候，演戏的价码高到一千元。有一次他在扬州湖上，妓女们听说了，都坐船来围住他，他却神色苍凉。

还讲到乐队。朱念一打起鼓来像撒米、下雨、撕绸布、劈竹子。有一天戏要开演了，发现鼓槌被人偷走，叹道，为什么不偷我的手呢？

笛手庄有龄，吹奏时手指与音孔只有半粒米的距离。另一个笛手许松如嘴里一颗牙也没有。

有个老头，跑到扬州城里订一个著名戏班的戏，领班的欺负他是个乡下人，说我们每天一定要吃火腿，喝一种名贵的茶，一出戏就要三百块。不料老头都答应了，戏班只好跟他到山里去。饭食老头只给火腿和茶，演出时把三百块钱放在台子上，点了《琵琶记》。结果是每唱错一个音，老头子即拍界尺叱责，戏班才知道这乡下老头是个真懂戏的人。

另有一个叫詹政的，一个戏班来乡下演戏不认真，忽然笙里的簧片坏掉，发不出声音，詹政拿过来一下就修好了，然后慢慢将戏班什么字唱错、什么调子不对一项一项说出来，说得演员们出汗，恨不得钻到地里去。

六日

威尼斯的街巷与河道有名称，广场与桥亦有名称。威尼斯人留地址，却只有区号与门牌号，令我茫然。

第二场开拓者赢公牛一一五比一〇四，这回轮到公牛手气不好了。

七日

假如威尼斯的一条小巷是不通的，那么在巷口一定没有警告标志。你只管走进去好了，碰壁返回来的时候不用安慰自己或生气，因为威尼斯的每一条小巷都有性格，或者神秘，或者意料不到，比如有精美的大门或透过大门而看到一个精美的庭院。遗憾的是有些小巷去过之后再也找不到了，有时却会无意之中又走进同一条小巷，好像重温旧日情人。

应该为威尼斯的每一条街巷写传。

李斗在《扬州画舫录》里为许多画舫写小传，它们的样子、名字、船主是怎样的人。

扬州当年的画舫，是运盐的船发朽之后改装的，在扬州的河道上供交通、游览。船上有空白的匾，游客可题名，题了名，船就有了称呼。许多船的名字很雅，其实不可爱，反倒是一些俗名有意思。

有一艘船因为木板太薄了，所以叫“一脚散”，另一只情况差不多的船叫“一捌一个洞”。还有一只船，船上有灶，从码头开出，灶上开始煮肉，到红桥时肉就烂熟了，所以叫“红桥烂”。

这样的船差不多都是没人题字，于是以特征为称呼，另一类则以船主的名字为称呼，比如“高二划子船”、“潘寡妇大三张”、“陈三驴丝瓜架”、“王奶奶划子船”。

“何消说江船”，主人与船客说话，口头语是“何消说”。

“叶道人双飞燕”，划船的是个道士，四十岁开始不沾油腥，五十岁则连五谷也戒吃了，即“辟谷”。当今世界上富裕国家的人多兴节食素食，因此常可看到皮肤松弛晦暗而神色满意的人。叶道士在扬州的繁华河道中划船，“旁若无人”，其实这位道士不如去学佛。

“访戴”的船主叫杨酒鬼，从早喝到中午，大醉，醉了就睡，梦中还大叫“酒来”。坐船的人自己划桨，用过的盘子碗筷亦是自己收拾，船主睡在船尾打呼噜。不知这船钱是怎么个收法。

“陶肉头没马头划子船”，这条船大概没有执照，所以不能在码头上接客人，只好在水上接一些跳船的人。

“王家灰粪船”，长四十尺，宽五尺，平时运扬州的粪便，清明节时洗洗干净载人，因为那时扫墓的人多。碰到庙里演戏，就拉戏班子的戏箱。

我去了威尼斯S. Trovaso教堂旁边的一个小造船场，工棚里有一只正在做的弓独拉，我心目中这种小船几乎就是威尼斯的象征。有关威尼斯的照片，总少不了水面上有一只弓独拉，一个戴草帽，草帽上系红绸带的水手独自摇桨，像一只弓样的船上，游客的目光分离，四下张望。

弓独拉原来是手工制造，船头上安放一个金属的标志，造型的意思是威尼斯，船身漆得黑亮黑亮的。水手常常在船上放几块红色的垫子，配上水手的白衣黑裤红帽带，在这种醒目简洁的红白黑三色组合中，游客穿得再花俏，也只能像裁缝铺里地上的一堆剩余布料。威尼斯水手懂得在阳光下怎样才能骄傲，我常常站在桥头看这幅图景，直到弓独拉在水巷的尽头消失。

这种小船其实难做，它们的身体要很巧妙地歪曲一些，于是用一只桨正好把船划直。船舷上有一块奇妙的“丫”形木头，桨支在上面可以自由摆动。水手上岸时，随手将这块木头拔下带走，船就好像被锁上了，没有它，划起来船只会转圈子。我怀疑每块木头的角度很恰当地配合着每只船的歪曲度，它们之间的关系像号码锁。也许这只是我的猜想。

这块木头的造型好像亨利·摩尔的雕塑，如果将它放大由青铜铸成，摆在圣马可广场靠海的一边，一定非常好看。

可惜威尼斯不卖这个弓独拉的零件，否则我一定买一个，带回去，对朋友开玩笑说，我最近做的，怎么样，很有想象力吧？

或者，在威尼斯租一个小店，做一些这个零件的缩小样卖，各种质料的。用一根皮绳穿起一个，挂在脖子上，多好的项链。结果呢？结果当然是我破产了，老老实实回到桌子边上敲键盘，因为威尼斯的标志是一只狮子，背上长着一对翅膀，于是能战胜海洋，守护威尼斯。

弓独拉的桨其实就是翅膀。威尼斯的造船和航海，使威尼斯有过将近七百年的海上霸业，这当中会有多少有意思的事？

苏州与威尼斯结为姐妹城市，也许有这方面的道理。两千多年前，西楚霸王项羽带着八千子弟兵打进咸阳，结束了秦始皇建立的中国第一个统一帝国。历史学家顾颉刚说这八千子弟兵是苏州人。而在战国时代，以苏州为首都的吴国，败楚、齐两大强国，又代晋称霸，四强中只有秦远在西方，才没有叫吴收拾了。这样的霸业，是靠了吴国兴水利，粮草不缺，另外就是吴国铸造的兵器是当时最精良的，一九八六年中国湖北出土的一把吴王夫差剑，历两千多年仍然锋利逼人，没有锈蚀。

第三场公牛赢开拓者九四比八四。

八日

到犹太人居住区，游荡了半个小时，竟没有看到一个人。楼房的墙都是黄色的。走出这个区的时候，有几个游客在巷口探视，看到一个东方人从里面出来，没有提着相机，不像游客，于是满脸疑惑。

犹太人从十五世纪就开始进入中国了，后来有两支留在中原，一支留在河南，一支留在江苏扬州。开封的一支明朝时自称“一赐乐业教”，就是“以色列”教，也就是犹太教。他们的后裔差不多都汉化了，还有部分犹太人入了伊斯兰教，汉人称这一部分人为“蓝帽回回”。明朝万历年间有一个叫Ai Tien的中国人求见传教士利玛窦，自称是犹太人，还记得一些希伯来文，但是因为忙于明朝的科举，没有时间看犹太教的经了。

十九世纪有一批巴格达、孟买、开罗的犹太人到上海，称为Sephardi犹太人，当时有三个犹太人在上海很有名，例如沙逊（Eliss David Sasson），是个瘸子，一八四四年到上海做地产生意，上海人称“跷脚沙逊”。一九二〇年他的孙子接班，一九二七年从孟买一次汇入上海八千五百万美金，建成“沙逊大厦”，如今还在，改名叫“和平饭店”。

一九一七年俄国十月革命后，有大约一千左右的俄国犹太人到上海。一九三八年以后，欧洲犹太人开始逃向上海，第一批一万八千人从德国、奥地利和波兰来，第二批四千六百人从波兰、立陶宛、巴尔干地区来。一九四五年，占领上海的日本人建成毒气室，还没来得及用，第二次世界大战结束了，于是犹太人开始向加拿大、澳大利亚、以色列移居，直到一九四九年初，上海还有十六万五千个犹太人，一九五三年剩下不到五百人，一九五九年只有一百人，一九八一年上海的最后一个犹太人去世，将近一个半世纪的犹太人移民中国史结束。

九日

世英与她丈夫从柏林来威尼斯玩。世英由香港《亚洲周刊》派到柏林常驻，我没有看到过《亚洲周刊》登过关于欧洲的报导，因此颇奇怪为什么世英要常驻柏林。但世界上我不知道的事太多，不去管它。

世英在柏林中规中矩学骑马，讲起来很兴奋。我却有些厌骑马，二十年前在内蒙，天天要骑没有鞍子的马，久了就厌烦了。你每天如果打八小时字，你对打字有什么良好或兴奋的感觉？你如果每天必须开车才能上班，你对开车有什么感觉？你能感觉平淡已经很不错了。

十日

在一座桥边看到墙上的一块石牌上刻着莫扎特曾在此住过，可后来不知道为什么找不到那座桥了。

十一日

公牛第四场以八八比九三输给开拓者。看完转播后，已经快晚上十一点了，急忙去赶十一点半去罗马的火车。到车站门口正好十一点半，以为车开了，抬头看见时刻表上显示威尼斯到罗马的火车改为十一点三十五分开，有些得意，于是慢慢走进去。

在车上发现有电源插头，大喜，于是打开电脑写起来。

写了一个多小时，忽然电脑发出警告声，原来插头里并没有电，这一个多小时用的是电脑里的电池。

十二日

早上八点半到罗马。Francesco Sisci已经在车站等了两个小时，我觉得很过意不去。Sisci的太太怀孕了，他们最近又搬家，墙壁要粉刷，东西要整理，不过房间比原来多而且大。意大利的住房问题很严重，我年初的时候在罗马就碰到一次关于住房的集会游行。

与Sisci等米兰的I出版社的Cataluccio先生，之后去Santa Maria in Trastevere广场边上吃早点。走近广场的时候，一个乞丐过来伸着手说，女人最悲惨的一是怀孕，二是搬家，我老婆这两样都赶上了。Sisci说，我老婆这两样也赶上了，乞丐于是走开。

和Cataluccio谈两本书的出版，其中一本我很感兴趣，就是如果我对哪部欧洲古典文学作品感兴趣，并且愿意写一篇序，出版社就再版选定的这本书。我脑子里一下涌出很多书，却又选不定。文化一久，好东西就多。

十点又赶到《君子》（*Esquire*）杂志社去，Sisci在那里做编辑。意大利文版的《君子》打算九月改革内容，商量好为他们写一篇有关中国电影的文字。

下午到米塔家，又碰到来洗衣服的胖女人，还有她的女儿。她们长得很有特点，可以做意大利喜剧电影里的演员。

安德雷也在家，商量吃饺子，于是到街上去买菜，不料去很多店，都没有猪肉卖，问了，回答是意大利夏天不卖猪肉。

只好买牛肉。又买了豆腐，晚上做麻婆豆腐。安德雷很爱吃麻婆豆腐，可以空口吃，而且把汁也喝下去，简直就是个川娃儿。

饺子决定明天再做，请Alessandro Sermoneta和Simona Paggi两口子一起来吃。他们两口子都参加了今年得意大利大卫奖的《小偷》（*Il Ladro di Bambini*）的制作，Alessandro参加编剧，Simona做剪接，得了剪接奖。

十三日

本来早上三点转播第五场公牛与开拓者的比赛，安德雷也没有付体育频道费，所以决定看晚上九点的重播。公牛赢开拓者一一九比一〇六。

Alessandro夫妇来，大家吃得很痛快。Alessandro说他每次去饭馆，只能吃到四个一份的饺子，于是有一个梦，就是哪天可以痛快地吃一顿饺子。我于是答应他只要到罗马来，就请他们两口子吃一顿饺子。

十四日

与米塔去看《小偷》。路上看到旁边的公园里有许多老头在打地球，远处大概是他们的老伴儿，聚在一起指手划脚聊天。男人和女人的兴趣永远不一样。站在那里看了很久，我不知道为什么总是喜欢看日常生活。

《小偷》拍得非常好，我总是感觉意大利人和法国人好像天生就会用电影说话。好的电影，看完之后，总是觉得学到了很多东西，一时又说不出学到了什么。

十五日

早上一点，安德雷与Alessandro联系好去他们家看篮球决赛，Alessandro警告我们不要大声叫，之后两口子去睡觉。Simona很高兴地给我看她得的奖怀。

Alessandro两口子养了一只白猫，不睡觉，抓门，窜来窜去，努力分散我们对篮球的注意。可怜的猫，你不知道今天是决赛呀！

公牛赢开拓者九七比九三，取得冠军。快四点了，和安德雷走回家去，米塔大概做了好几只梦了。

中午与《共和国报》编辑吃午饭，饭馆的壁橱里摆着许多古旧的瓶子，其中有一只小绿瓶非常可爱，烧制时候在瓶子当中夹过一下，看到它就好像听到“哟”的一声。安德雷说他小时候喝汽水就是用这种瓶子，现在没有了。现在的工业品中找不到这种手工情趣了。

下午和米塔去理论出版社谈中国当代短篇小说选和我的下一本小说的事。我想以中国世俗精神为线索编这本小说选。中国小说古来就是跟着世俗走的，包括现在认为地位最高的《红楼梦》，也是世俗小说。小的时候，院子里的妇女们没事时会聚到一起，一个识字的人念，大家听和插嘴，所以常常停下来，我还记得有人说林姑娘就是命苦，可是这样的人也是娶不得，老是话里藏针，三百六十五天可怎么过？我长大后发现“知识分子”都欣赏林黛玉。

中国小说在五四以后被拔得很高，用来改造“国民性”，性质转成反世俗，变得太有为。八十年代末，中国大陆的小说开始回返世俗。这大概是命运？“性格即命运”，中国小说的性格是世俗。当今最红的王朔，写的就是切近的世俗，嘻笑嗔骂，皆踊动鲜活，受欢迎是当然的，遗憾他没有短篇小说。

电视报道芝加哥市在公牛赢得冠军后狂欢引发暴动，警方拘捕三百人。乔丹在电视上劝民众勿躁。

十六日

晚上与Sisci和漫画家Carpenteri在一个小馆子的街边吃披萨。我嗜漫画，年初在罗马搜购了不少漫画集漫画杂志，其中就有Carpenteri的。

我亦收有法国的，美国的，台湾的CoCo、老琼、朱德庸，老琼原来是女性。

有的时候我一整天都在看漫画。我还记得小学二年级的时候，在课桌底下看德国卜劳恩的漫画《父与子》，被一脸杀气的女老师没收。我猜她一定拿回家去看了，一直没有还给我《父与子》，不还就不还吧，脸上的杀气总该化解一点吧？

一九八四年我买到再版的《父与子》，翻来覆去看了一个月，终于将童年洗干净。

Carpenteri开车带我们去他的工作室，他在画大画，准备一个展览，桌上放了一些从前的漫画原稿，极其精致，居然送了一张给Sisci！不过他们是老朋友。

夜已深了，又到Carpenteri的家去，意大利人是越晚越有精神，与我不谋而合。路上在西瓜摊上买了一只巨大的西瓜，到了家里，摆开桌子，准备痛聊，将西瓜切好，刚吃了三四口，突然停电，于是在朦胧的月光下把西瓜吃完。

十七日

在罗马游荡。下午开车去罗马西南远方一个古罗马时代的Ostia Anticha遗址。

这个地方非常像北京的圆明园，处在麦田的包围中。这里原来是靠海的港口城市，地上有很多黑白石子镶嵌的画，应该是当时各个航海公司的招牌或广告。

安德雷一直在感叹古时候的人会生活。阳光和新鲜的空气、朴素壮观的屋舍、露天剧院、公共浴场，我同意安德雷说的。

走到麦田里，用手搓开麦粒，浆已经灌饱，再有几天，就可以“开镰”了。

远处传来雷声。

麦田里杂有鲜红的罂粟花，看久了，闭上眼睛，有许多绿色的斑点在眼前。

米塔和安德雷在路边采了许多芝麻菜，用这种野菜做沙拉，吃起来苦，之后变辣，有些麻，容易上瘾。

Einaudi出版社发电传来，请任选“困惑”或“暧昧”为题写一本四十页的书。我选“暧昧”。生活是种过程，感受每一分每一秒，实实在在，直到离开这个世界。

“子在川上曰：逝者如斯夫，不舍昼夜。”历代学者都在解释孔子的这句话，以为大有深意。我看没有，非常朴素，一种直观的感叹。

所以，“季文子三思而后行。子闻之，曰：再，斯可矣。”确实，想两次足够了。

“子曰：吾十有五而志于学，三十而立，四十而不惑，五十而知天命，六十而耳顺，七十而从心所欲，不逾矩。”

最高境界即随便怎么做，其实都在规律里面。孔子以后的儒们讨厌在“不逾矩”，又不能从心所欲，于是偷着逾矩，是为伪。

晚上十一点的火车回威尼斯。

十八日

早上六点半到威尼斯的陆地部分Mestte，之后坐通勤火车到威尼斯。

去铺子里问有没有猪肉卖，“没有。”

十九日

与制片人Robetto Cicutto先生联系好，明天到北部山上去看奥米（Ermanno Olmi）先生。

奥米正在山上拍一部新电影。年初的时候奥米邀请我和米塔去过一次，那时他还在选景，山上的雪很厚，奥米滑了一跤，六十岁的人，哈哈大笑。

我只看过奥米的第一部电影 *I fidanzat* 和他一九七八年获得坎城影展奖的《木鞋树》（*L'aldreo degli zoccoli*）（一九七八年我还在乡下打赤脚，那里不做木鞋，其实在乡下砍了十年树，真应该做些木鞋，也算对得起那些树）。我非常喜欢《木鞋树》，而奥米在他的第一部电影中就是成熟的了。《木鞋树》的摄影非常朴素，是凝视。中国电影里只有台湾侯孝贤的电影是这样的，大陆的电影摄影总有一种摄影腔。我特别记得问奥米《木鞋树》的摄影是谁，奥米的脸一下红了，说，是我。

二十日

Cicutto先生早上从法国到威尼斯来。我和马克去机场与他会合，之后开车上山去。

与Cicutto先生讲起我在威尼斯住的地方，Cicutto先生说他小时候就住在那里，经常在S. Stefano广场踢球。威尼斯的广场和小巷经常有孩子踢球，所以我认为威尼斯窗上的铁栏杆不是防贼的，是防球的。

下午到山里。森林的小路上远远过来一辆拉木头的拖拉机，有两个老头儿跟在后面，这是电影当中的一个镜头。

奥米在树林里。

奥米说，电影还没有开拍，但是今天因有些病树要砍，于是趁机拍其中的一个镜头。在这个镜头的结尾，需要开始下雪，于是用纸做一点假雪，等冬天再拍大雪纷飞，接在一起。

奥米说，刚才过去的那个拖拉机，是一九一八年的，电影里故事发生在第一次世界大战。

树林里飞着无数的小虫子，奥米一边说，一边挥手赶开它们。助手们在用纸做雪花，效果不理想，我有这方面的经验，于是自告奋勇。让纸屑飘落的办法是先要抻松整张纸，然后再轻轻拉成小片，这样的纸屑可以透过一些空气，会像真的雪那样飘，而不是垂直落下。

我撕好纸，助手拿去镜头前抖落下来，成功了，奥米非常高兴，我亦高兴。

晚上吃饭前，旅馆所在的奥龙佐（Auronzo）市的市长Pietto De Florian先生跑来，要给我配眼镜。原来年初我来的时候，奥米听说我在找有弹性的软眼镜腿，于是记住了，这次来，奥米请市长帮忙，市长先生有一个眼镜店。市长没有薪水，中国人大概是不要做这“官”的。

奥龙佐市大概相当于中国一个镇的大小，依山傍水，随意而精致。

我的鼻子是蒙古人种的鼻子，鼻梁低，要想让眼镜固定在鼻子上，只得靠有弹性的软眼镜腿扯住耳朵，但是这种眼镜腿已经很难配到了，二次大战以前流行这种眼镜腿。欧洲人的鼻子高，因此眼镜可以很容易就架在鼻梁上，甚至有一种夹在鼻子上的眼镜，完全用不着眼镜腿。我认为欧洲人的鼻子是为了戴眼镜而事先长好的。

奥米和这个地区的人很熟。

二十一日

早上和马克在小镇上游逛。此地风景好得像假的。

一个荒废的小楼的墙上有二次大战时墨索里尼的语录：意大利有悠久的文化，因此意大利在这个世界上有权力。半个世纪前的墨迹，斑驳得像中国“文化大革命”时的毛泽东语录。

与Cicutto先生谈《树王》的电影合同。奥米和Cicutto先生希望将《树王》拍成电影，我则认为不适合拍成电影，如果要拍，也需改动很大，几乎变成另外一个故事。你怎么砍那么多树，然后再烧掉呢？奥米说当然不能，但是有办法。

今天有宗教活动，神父领着长长的一队人在街上游行，教堂的钟声响彻山谷。

再见到奥米的时候，我提到《木鞋树》里的教堂钟声。奥米在阳光下眯起眼睛，说以前教堂的钟声就是现在的电视，钟声是一种语言，农民可以在钟声里听出天气预报，村里谁死了，谁结婚了，火警也靠钟声来传达。这种语言现在失传了。

我突然记起布纽尔（通译为布努埃尔）在他的自传 *My Last Breath* 里也提到过西班牙乡下教堂的钟声，同样是奥米说的作用。两个导演，都提到钟声。

奥米带我们去因为高寒缺水不长树木的山顶，那里可以看到奥地利。山顶有第二次世界大战时军队挖的山洞，海明威曾在这里的军队中，他是在这里中的炮弹吧？

Cicutto先生去罗马，我们则随他回到威尼斯机场。

晚上刘索拉从伦敦来电话，她九月去参加美国爱荷华大学的国际写作计划。

二十二日

威尼斯除了大运河，还有一百七十七条窄河道和两千三百条更窄的水巷，跨越这些水面的是四百二十八座大大小小的桥。

威尼斯不是数字，是个实实在在的豪华迷宫。

二十三日

晚上张准立从巴黎来电话，说他在改绘画的路子。准立卖画用“毛栗子”，是他的绰号，小时候一颗头长得像毛栗子。六十年代末他画毛泽东像很有名，在他老人家脸上用些冷色，拿过一幅给我看。当年画毛泽东像只能用暖色，搞得老人家像个没人敢吃的龙虾。一九七九年我介绍他参加“星星美展”，后来他放弃画了多年而熟练的大笔触“苏联风景”，改“照相写实”，画门，画墙，画水泥地，画到现在，一直卖得很好，生活“中康”，衣食住行都有个样子了。

我喜欢的照相写实的中国画家是在纽约的夏阳，纯粹，饱满。去年在他家里看他改变画风的新作，令人震惊，纯粹，饱满，响亮。

夏阳的打油诗是一流的，比如这首：

窗外雨打无芭蕉
小鸟欲唱缺枝梢
饭罢闲坐全无事

忽放一屁惊睡猫

他家墙上有许多打油诗。夏阳住苏荷，因为租金是多年前的，所以虽然苏荷现在变为时髦的贵地段，却还住得起。苏荷可以说没有树，所以“小鸟欲唱缺枝梢”。

二十四日

与Luigi和乔万娜坐下午六点半的火车去维琴察（Vicenza），他们各自的父母住在那里。之后，明天开车去克雷莫纳。

乔万娜看一本关于文物修复技术的书，她正在威尼斯大学修这个专业。我认为文物修复专业在意大利是铁饭碗，意大利没有一天不在维护他们的文化遗产。一条街从东头维护到西头，维护到了西头，东头又该维护了。

车过了帕多瓦（Padova），很快就到了维琴察。这是一个有旧日城墙的安静小城。在车站等公共汽车的时候，起风了，带来远处雨的味道。

Luigi的母亲在家，高兴中有惊奇，说爸爸去车站接你去啦。原来我们今天坐的不是往常Luigi回家坐的那班火车。

父亲回来了，他有一个很大的鼻子。晚饭是简单的西红柿面，灯罩下坐了一家三口人加上我，乔万娜在她母亲家。餐巾干净得我不忍用来擦嘴，Luigi的爸爸把手摊开，说，这个东西就是拿来用的。

只有当父亲的一个人在喝酒，有人来，当父亲的就到门厅去，于是两个人的声音飞快地混在一起。Luigi说他父亲从工厂退休了，大概是商量明天在教堂的什么活动，但与宗教无关。

晚上Luigi开了他爸爸的车，接了乔万娜，我们到山上的教堂前看这个城市。红屋顶们刚被雨洗过，暮色潮湿。

街灯里，古老的宫殿和教堂周围行人稀少，Luigi忽然说每次回来都是在父母那里，很久没有看到朋友了，今天下雨，恐怕在街上还是遇不到朋友。人世就是这样，会静静地突然想到忽略了极熟的东西。我有一个朋友一天忽然说，好久没有吃醋了，当即到小铺里买了一瓶山西老陈醋，坐在街边喝，喝得眼泪流出来。

不过Luigi和乔万娜还是在冰淇淋店遇到了他们的朋友。

夜里，我和Luigi睡在他和哥哥小时候的房间里。我写了一段时候，回头看到他已经在另外的床上睡着了。明天还有两百多公里的路，于是也睡下了。

二十五日

一早起来，接了乔万娜，三个人上路。

在高速公路上沿波河平原向西，两边是麦田，马上就要收麦了。还有葡萄园、果园，果园旁边立着简单的招牌，写着零售价钱。波河时远时近，河水像橄榄油，静静地向东南流去，注入亚得里亚海。

意大利的北方很像中国的华北，连麦田里的槐树都像，白蒙蒙的暑热也像，北面的阿尔卑斯山余脉几乎就是燕山。波河平原和丘陵上散落着村镇，村镇里都有教堂。河北的霸县、静海一直到山东，也是这样，常常可以看见教堂。

两个小时，已经到了克雷莫纳城。我年初到这里在斯台方诺先生（Stefano Conia）的工作坊里订了一把阿玛蒂型的琴。

我喜欢阿玛蒂型的琴，因为它的造型古典味道更浓，底板面板凸出像古典绘画中女人的小腹，琴肩圆，小而丰满，音量不大但是纯静无火气。瓜纳利（Guarnerius）、斯特拉地瓦利（Stradivari）型的琴的声音都有暴力倾向，现代的演奏基本上使用斯特拉地瓦利型的琴，配用钢弦，我们听惯了，只觉得它们音量大、响亮。耳朵习惯了暴力，反而对温和的音色会莫名其妙。从浪漫主义时期开始，音乐中的暴力倾向越来越重。据肖邦同时代的人说，肖邦弹琴的最大音量，是中强（mf），而我们现在从演奏会得来的印象则肖邦是在大声说话。

就像大机器工业的兴起，使手工业衰落，一般人知觉越来越麻木，越来越需要刺激的量，对于质地反而隔膜了。辣椒会越吃越要更辣的，“辣”变成了意义，辣椒不重要了，于是才会崇拜“合成”物。

但是我们情感中的最基本的要素，并没有增加，似乎也没减少，就像楼可以盖得越来越高，人的身体却没有成比例地增加。衣服的料子越来越工业化，人的肉身却还没有机器能够生产，还需要靠一路过来的“手工业”，气喘吁吁，大汗淋漓。

斯台方诺先生拿出手工制造的阿玛蒂，有一种奇异的木质香味。

我年初特意到克雷莫纳来，有朝圣的意思。这个小城我一直记在心中，没有想到会真的在这个小城里游荡。克雷莫纳的早晨很安静，钟声洪亮，一只狗没有声音地跑过广场，一个男人穿过广场的时候用手扶了一下帽子。小城里还有一个令人惊奇的漫画图书馆，图书馆的厕所里，有一个白瓷盆嵌在地里，供蹲下来使用。

市政府在广场边上古老的宫殿里，里面有一间屋子藏着五把国宝级的小提琴，那天我听了一位先生拉那把一七一五年名字叫“克雷莫纳人”的斯特拉地瓦利琴，这把琴曾属于过匈牙利提琴大师约瑟夫·约阿希姆。我听的时候脑子里一片……如果现在有人引你到一间屋子里，突然发现列奥纳多·达·芬奇正在里面画画，你的感觉怎样?

和朋友在小城里转，走到斯台方诺的作坊里来。作坊附近的一座楼的墙上，写着令人生疑的“斯特拉地瓦利故居”。说实在，那座楼式样很新，也许是翻盖的。

我很喜欢斯台方诺的小铺子，三张厚木工作台，墙上挂满工具和夹具，房沿下吊着上好漆的琴。斯台方诺先生还在提琴学院教课没回来，他的儿子俯在工作台上做一把琴，说他就要服兵役去了。门口挂着一条中国学生送的字“心静自然凉”，多谢不是“难得糊涂”。

斯台方诺先生把琴给我装好，又请我们到小街对面的店里喝咖啡，我当然要的是茶。

我问他儿子去当兵了吗?他说去了。

我和Luigi、乔万娜在馆子里吃过披萨，开车回维琴察。

Luigi会突然地唱歌，他会唱很多歌。他也是突然问我去乔万娜乡下的家好不好，我说好啊。

于是在接近维琴察时下高速公路折向北面山上。

山很高，但也许是云太低了，最后几乎是在云雾里走，开始下雨。

乔万娜家的村子Fochesati只有四户人家，乔万娜的妈妈星期天从维琴察回到这里来侍弄一下地里种的东西。我和Luigi从外面抱回木柴，在壁炉里生火。我的生火技术很好，如果没有火柴，照样可以把火生起来，我在云南学会了钻木取火一类的方法。

这个家是一个非常小的三层楼，楼上有高高的双人床，床搞得这么高大概是为了在床下放东西。地板年代久远，踩上去嘎嘎响。剥了皮的细树枝做楼梯的扶手。

火在壁炉里烧得很旺，于是商议晚上吃什么，之后去山坡下收来一些土豆，又去山坡上摘来各种青菜。回来的时候，村子里来了一辆货郎车，卖些油盐零食。

隔壁的老头过来，坐在凳子上开始闲聊，问我是中国人吗？我很惊奇他怎么会分辨出东方人的不同血统。

老头子二次大战之后因为意大利没有工作机会，去比利时做矿工，苦，累，老头子攥起拳头说，那时我年轻，有力气。终于回来，又去了法国，仍然是苦，累，老头子还是有力气。最后回来了，种地，退休，意大利的农民有退休金，问题来了，老头子到外国去做工的时间不能算成意大利的。老头子说，于是我只能算二十七年的工龄，退休金少了。

老头子抱怨老婆子要他干活，我不去，我干了一辈子了，我干不动了。老头子在暮色中坚决地抱怨着。乔万娜走来走去忙着，Luigi说，老头子平常很少找得到人和他聊天。

饭做好了，土豆非常新鲜，新鲜得好像自己的嘴不干净。乔万娜忽然说到她的大舅是传教士、建筑师，以前在中国，一九四九年以后被中国政府投入监狱，五二年死在监狱里，因此乔万娜的妈妈不喜欢毛泽东。我问乔万娜你的舅舅寄信回来过吗？乔万娜不知道。Luigi说出家人与家里没有联系了。

天主教传教士十六世纪进入中国以后，到一九四九年已有四百多年了。从利玛窦和罗明坚（Michele Ruggieri）开始，四百年间的传教士不知道写给梵蒂冈教廷多少信，这些信里包含了多少中国古代、近代、当代的消息！我因为要写汤若望的电影剧本，读了不少这类东西，好像在重新发现中国。

我们离开这个小村子回维琴察，车开下平原经过Montecchio时，暮色中远处两座离得很近的山上各有一座古堡，Luigi说，一座是罗密欧家族的，一座是茱丽叶家族的，都这么传说啦。

深夜回到威尼斯，看着船尾模糊的浪花，忽然对自己说，一个是罗密欧的家，一个是茱丽叶的家。

七月

七月一日

下午两点与马克坐火车去Udine会Nonino太太，周先生的学校正好放假，于是邀他一起去走一走。

Nonino太太开车带我们到Udine附近的Percoto，Nonino家族与制酒都在这个镇上。

造酒坊没有人，葡萄还在地里，收上葡萄以后，Nonino家就要开始忙了。造酒坊与Nonino家二女儿女婿的居处是连在一起的，居处是原来的谷仓，女婿Luca是建筑设计师，将谷仓的上层改作工作室。Nonino太太在底下一叫，Luca惺忪着眼睛探出头来，接着就笑了。

于是先到上面的工作室，屋顶开了一个天窗，光线泻下，工作台被照得亮而柔和。一面墙是落地玻璃，可以看到酒坊里酿酒的机器，另外两面墙是巨大的手工制书架，与谷仓裸露的屋顶很协调，摆满了上千册书。

我非常喜欢这个工作室，巨大，古老，实用，与人近。不同的时代，不同的质感，融合在一起。意大利是天然的后现代，它有无处不在的遗产，意大利人非常懂得器物之美。

美国的美，在于未开发的元气。

二女儿说，酿酒时节忙起来，爸爸会在酒坊里唤她，因为融在一起，无处可躲。

Luca有许多精美的西藏唐卡，还有台湾的宣纸和大陆的温州皮纸。

Nonino太太请我们出去吃晚饭，Nonino先生还在忙，不能去，二女儿要准备大学里明天的法文考试，于是Luca在家陪她。

大女儿和三女儿与我们一起吃饭，饭店在很远的一个村子边上，房屋古老，空气新鲜，新鲜得好像第一次知道有空气这种东西。

二日

Nonino夫妇开车带我们去与斯洛文尼亚国界临近的小城Cividale dal Friuli，城里每年举办东欧艺术节。街上卖一种提包，上面印着很大的一个K，原来是捷克作家卡夫卡的名首字母。

小城在一条河的两岸，河边有巨石，岸边是古木森林，Nonino先生说，每年都要在这河边演但丁的《神曲》。

我对但丁《神曲》的场景印象来自法国画家G. Dore为《神曲》绘的插图，这条河则令我对《神曲》心领神会。

中午回到Percoto，在酒厂仓库旁的Nonino夫妇家吃饭。餐厅里有四扇中国屏风画，画的是中国的八仙祝寿，按规格应该是八幅，不知是谁画的。从女人的眉型看，应是清代的作品，画得真是好，博物馆级的藏品。八仙是给西王母祝寿，大概当年是给哪位老太太过寿的礼品。我们就在这四张画前吃饭。

酒厂仓库非常大，几个工人在这里包装Nonino牌的烈性葡萄酒。酒瓶是斯洛文尼亚手工制造，设计得类似中古炼金术的玻璃器皿，其中一种酒瓶上有一颗彩色玻璃珠，玻璃珠是从威尼斯订做来的。

Nonino酒是欧洲上品烈酒，价格惊人。可惜我因为偏头痛，戒酒了。

年初在这间仓库里发奖，来了大概有一千多人，厨师从巴黎请来，发奖之后是来宾跳舞。一个人问我，这里有FIAT的总裁，有工人，有农民，有艺术家，为什么他们会在一起，而且快乐？我本想说他们为什么不可以在一起而且快乐，但是我说，你们有共同的歌和舞呀。

我喜欢这样的发奖，在一个小镇，葡萄收了，酒做好了，大家狂欢。古时希腊的奖，想来亦是如斯意思。奖若是狂欢的借口，反而有贵气。

我来再访，亦是有这种喜欢在里面，有人有家可访。

下午Luca开车送我们去车站，是另外一个小城的车站。路上Luca拐了一下，带我们去Palmanova城的军官俱乐部，Luca当年从米兰到这里服兵役，就是在这个俱乐部认识Nonino家的二女儿。中午，俱乐部里没有军人，很安静，我在猜测两个年轻人是在哪个角落见的第一面，却看到墙上有一张要塞的古地图，原来Palmanova是历来兵家必争之地。

经过Aquileia城，有座古教堂，高大，朴素，旁边有个小吧，几个老头在打牌。画家常要画打牌的人，打牌的人像静物，又有一种活泼的慵懒。

Luca送我们到车站，等车来。我们上了车，Luca等在下面。

车开了，Luca招手告别，威尼斯省的一个小城的一分钟小站，下午阳光里Luca的灰眼睛，青下巴。

回到威尼斯，天色尚明，船在大运河里走，两岸是古老华丽布景般的楼宇，Rialto桥上已经开灯了，黄色的光。

学院桥也开灯了。

远处教堂的尖顶贴有夕阳余晖。余晖中有鸽子滑过，鸟迹斑斑。

穿过小方场，在光滑小巷中走。掏出钥匙开街门，院中水井静静立着。一只猫站下来私家侦探般研究我。

穿过幽暗的走廊，辨认钥匙，声音像在数银币，开房门，两道房门。

屋里暗沉沉，只有玻璃窗泛着灰色。开灯，桌子、椅子、床，同时浮现出来，看着我，好像说，这两天又去哪儿疯了？坐到桌前，启动电脑，“嘟”，屏幕亮了，日记浮现。

河巷里传来手风琴的长音，男人的歌声马上要开始了。

* * *

再见Ciao!

就要离开威尼斯了，瑞雅尔多桥下的一条船上，有个老人唱歌，高音，面容像极了列奥纳多·达·芬奇的自画像，一曲才歇，桥上和两岸掌声雷动，总有几千人吧，小船却独自沿运河向南漂去了。

图书在版编目（CIP）数据

威尼斯日记 / 阿城著. —南京：江苏凤凰文艺出版社，2016

（阿城文集）

ISBN 978-7-5399-9056-9

Ⅰ. ①威… Ⅱ. ①阿… Ⅲ. ①随笔—作品集—中国—当代 Ⅳ. ①I267.1

中国版本图书馆 CIP 数据核字（2016）第 043674 号

书　　名　威尼斯日记

著　　者　阿　城
责任编辑　黄孝阳　汪　旭
出版发行　凤凰出版传媒股份有限公司
　　　　　江苏凤凰文艺出版社
出版社地址　南京市中央路 165 号，邮编：210009
出版社网址　http: //www.jswenyi.com
经　　销　凤凰出版传媒股份有限公司
印　　刷　唐山玺诚印务有限公司
开　　本　880 毫米 × 1230 毫米　1/32
印　　张　4.375
字　　数　80 千字
版　　次　2016 年 3 月第 1 版
印　　次　2021 年 10 月第 9 次印刷
标准书号　ISBN 978-7-5399-9056-9
定　　价　34.00 元